JN386370

모두의 지구 안내서

감수 : 소여카이
그림 : 가와무라 와카나
글 : 후쿠오카 아즈사
번역 : 김한나

생각의집

이 책을 읽는 너희들에게

안녕!
난 모든 사람들과 지구에서 즐거운 모험을 하고 싶어.
그래서 동료를 모으려고 친구와 함께 이 책을 만들었어.
우리는 스스로 상상하는 것보다 훨씬 더 대단한 힘이 있어서
뭐든지 만들어낼 수 있어.
우리도 지구의 일부니까.
하지만 그 사실을 모르는 사람도 많아.
이 책이 그 가능성을 깨닫게 하거나 생각해내는 계기가 된다면 좋겠어.
지구는 소중한 우리의 집이야.
살아가기 위해서 필요한 것을 주는 둘도 없는 별이지.
그래서 지구를 계속 소중히 아끼고 싶고 좀 더 알고 싶어.
지구가 존재하기 때문에 우리가 살아 있는 거야.

———— 이 책을 읽는 너희들에게 ————

목차

모두의 지구 안내서

7 먹기

먹는 것은 살아가는 것
텃밭을 만들자
텃밭을 형성하는 9가지 층
집에 텃밭을 만들자
사이좋은 단짝 식물을 찾아라!
생명의 변신
모든 사람이 모이는 맛있는 밭
숲과 밭의 교실에 오신 것을 환영합니다
밭이 알려주는 것
파트너로서의 생물들
'잘 먹겠습니다라'는 기도

31 만들기

구입하는 사람에서 만드는 사람으로
소비의 진짜 비용
우리가 직접 만들자!
마법의 사용법
물을 모은다
전기와 에너지
어스 오븐(흙 오븐)을 만든다
비밀 기지 설계도를 그린다
문화를 만든다
전 세계의 다양한 집

53 에지에서 놀기
즐거운 일은 에지에 있다
모험하자!
어른들에게 비밀로 하고 마음대로 씨를 뿌리자!
시티 리페어(City Repair) 이야기

67 디자인하기
디자인이란 무엇인가?
관찰하면 보인다
자연의 형태를 찾는다
실패에서 배우는 것
누구나 디자이너가 될 수 있다
서식지 맵을 만든다

81 서로 주기
돈이란 무엇인가?
교환에서 서로 주기로
감사의 마법
친절한 장난
돈을 쓰지 않고 살아간다
각자 '할 수 있는 일'을 한데 모은다

95 멈춰 서기
멈춰 서서 느낀다
지금, 이 순간을 산다
숨을 따라간다
마음 훈련
마인드풀니스 컬러링
공감의 힘
생명의 말로 이어진다
'무(無)'적이 된다

113 지속하기
세븐 제너레이션
전통을 되찾는다
에도시대 생활의 지혜
쓰레기를 만들지 않는 생활
쓰레기 제로에 도전하자!
미래의 에너지
자연 에너지 조견표
자연과 함께 한다

131 살아가기
어른을 뛰어넘자
퍼머컬처라는 선택
작디작은 영웅

후기

\ 퍼머컬처란(Permaculture)? /

퍼머컬처는 지구에서 즐겁게 살아가기
위한 생활의 아이디어를 뜻하는데
전 세계의 선주민, 농사꾼, 동물과 식물들이
해온 일을 정리한 개념이야.

1 지구 아끼기

2 사람을 소중하게 생각하기(자신도 포함)

3 모두 함께 나누기, 서로 주기

어떻게 하면 이 세 가지를 중요하게
실천할 수 있을까?
너도 함께 퍼머컬처 모험을
떠나 보지 않을래?

어느 나라의 작은 섬에 있는 '음식의 숲'에 대해 이야기해줄게.
그 숲의 지면에는 딸기와 멜론이 양탄자처럼 넓게 깔려 있어.
바나나와 복숭아가 주렁주렁 매달린 과일 터널을 빠져나가면
가지가 휠 정도로 망고가 열린 나무들이 잔뜩 있지.
나무에서 툭 떨어지면 말랑말랑 잘 익었다는 신호야.
한입 먹어 보면 마치 달콤한 잼 같아.
이 '음식의 숲'에서는 누구나 언제든지 배불리 먹을 수 있어.

이 지구에 존재하는 생물은 모두 먹는 것을 매우 좋아해.
작은 새나 인간이나 땅속에 사는 벌레들도 음식 주위에는 생물이 저절로 모여들지.
음식을 보면 가슴이 두근거리는 건 살아 있다는 증거야.
우리 주위에는 사실 먹을거리로 넘쳐 나.
네 주위에는 이런 숲이 없다고?

그럼 네가 만들어 봐.
커다란 숲이 아니더라도 작은 텃밭부터 시작하면 돼.
어떤 숲이든 처음에는 조그마한 싹에서 생겨났으니까.

텃밭을 만들자
Grow a Garden

넌 배가 고프면 먹을거리를 어떻게 구하니?
슈퍼마켓에서 사 와?
그런데 상상해 봐.
자신이 직접 키운 형형색색의 채소와 과일이 열리는 밭.
꽃이 바람에 흔들리고
꿀벌은 꿀을 빨러 찾아오며
작은 새도 놀러 오는 곳.

너도 그런 장소를 충분히 만들 수 있어.
먹을거리는 가게에서 구입하거나 찾을 수 있고
스스로 키울 수도 있어.
하지만 이왕 할 거면 다 해 보자!

텃밭은 네가 원하는 것을 키우는 장소야.
엄마에게 주고 싶은 예쁜 꽃
아빠와 만들기를 할 수 있는 작업장
친구와 함께 노는 비밀 기지.
현관 앞이나 베란다 등
당장 실천할 수 있는
장소에서 시작해 봐!

텃밭을 형성하는 9가지 층

숲의 모습에서 배우는 밭 디자인

숲을 잘 관찰하면 9가지 성격을 지닌 식물 레이어(층)로 이루어져 있다는 사실을 알 수 있어. 키가 매우 큰 나무와 키가 작은 나무, 땅바닥을 덮는 풀과 땅속에 있는 뿌리채소, 또 엄청 작은 균류도 있지. 각각의 성격과 장점을 살려서 서로 도와가며 살고 있어. 이 9가지 층에 속한 식물을 잘 조합하면 사람이 손보지 않아도 숲처럼 건강한 식물이 자연스럽게 자랄 수 있어.

균근균과 뿌리혹박테리아(근립균)이 뭔지 아니?

균근균은 대부분의 식물뿌리에 사는 균이고, 뿌리혹박테리아(근립균)는 콩과 식물의 뿌리에 사는 균이야. 이 두 균은 식물이 자라기 위해서 매우 중요한 역할을 하고 있어. 식물의 영양분이 되는 인과 질소는 땅속이나 공기 중에 많이 있어. 하지만 식물은 자기 힘만으로 그 영양분을 다 흡수하지 못해. 균근균은 팡이실(균을 구성하는 실 모양의 세포)을 깊이 뻗어 땅속에서, 혹 모양의 뿌리혹박테리아는 공기 중에서 식물의 영양분을 흡수해.

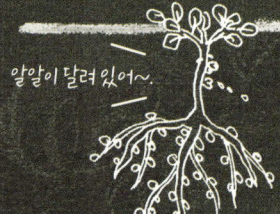

알알이 달려 있어~

길거리 탐험! 뿌리혹박테리아를 찾아라!
식물뿌리에 사는 '뿌리혹박테리아'는 의외로 주위에 보이는 식물에도 숨어 있어. 너희 동네에도 있지 않을까?

---

1. 고목
빛을 흠뻑 쬐며 자란 키가 큰 나무(밤나무, 호두나무 등)

2. 중목
키가 약 3~6미터 정도인 나무(사과나무, 감나무 등)

3. 저목(관목)
약 3미터 이하의 키가 작은 나무(블루베리, 로즈마리 등)

4. 초본(풀)
나무와 같이 단단한 성질이 없는 식물(토마토, 양배추 등)

5. 그라운드 커버 플랜츠 (지피식물)
땅을 덮는 식물(민트, 호박 등)

6. 뿌리채소
먹을 수 있는 뿌리를 뻗는 식물(감자, 당근 등)

7. 덩굴
뭔가에 휘감겨서 뻗어나가는 식물(포도, 키위 등)

8. 수초(물풀)
물속에 사는 식물(연근, 연두벌레)

9. 균류
썩은 나무나 식물의 그늘에서 자라는 생물(표고버섯, 누룩곰팡이 등)

WORK SHEET

집에 텃밭을 만들자

아이디어를 짜내면 어떤 장소든 밭이 된다

필요한 것

 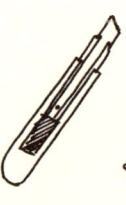  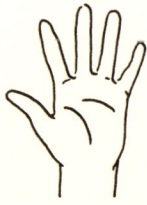 

플랜터(식물 재배용 용기)가   커터칼   흙   손(또는 모종삽)   식물의 씨앗이나
될 만한 용기   모종

※ 플랜터(planter) : 화초를 심기 위해 멋스럽게 잘 만든 화분이나 용기 - 역자 주

직접 해보자

1 설계도 그리기 … 네가 만들고 싶은 텃밭 설계도를 그려 봐. 어디에 어떤 식물을 심을래?

2 플랜터(화분) 만들기 … 주변에 있는 물건으로 자신만의 독창적인 플랜터를 만들어 봐.

3 심기 … 식물에도 좋아하는 계절과 싫어하는 계절이 있어. 또 함께 심으면 사이좋게 지내는 식물과 싸우는 식물도 있지. 언제, 어떤 식물을 함께 심으면 좋을까?

4 관찰하기 … 일주일동안 얼마나 자랐니? 잎은 어떤 모양이야? 물을 안 주면 어떻게 돼?

5 비료 만들기 … 날마다 생기는 음식물 쓰레기가 기름진 흙의 재료로 변신

6 수확하기 … 갓 딴 작물을 한입에 꿀꺽! 자신이 직접 키운 작물이 이렇게나 맛있다니!

베란다 텃밭

벽 텃밭
페트병이나 우유팩으로도 훌륭한 방수 플랜터를 만들 수 있다!

식물 커튼
직사광선을 차단해서 집을 시원하게 유지하기 때문에 더운 시기에 멋지게 활약한다.

난간 텃밭
베란다 난간에 플랜터를 걸어 놓으면 햇볕을 실컷 쬘 수 있다!

말린 채소, 말린 과일
채소나 과일을 햇볕에 말리면 채소칩이나 건과일이 된다. 달고 영양 만점이다.

공중에 매단 플랜터에서 토마토가 자란다!?

버섯 재배
균을 심은 원목이나 균상 블록을 그늘지고 시원한 장소에 놓아두고 키운다.

지렁이 퇴비
음식물 쓰레기나 종이 쓰레기를 지렁이가 분해해서 밭의 비료가 된다. 플라스틱 케이스로도 만들 수 있다.

재활용 채소
자투리 채소나 씨, 뿌리를 물에 담그거나 흙에 묻으면 다시 자라나서 수확할 수 있다.

거꾸로 자라는 토마토
벌레가 잘 안 생기며 넓은 장소가 없어도 키울 수 있다. 바닥을 자른 페트병도 플랜터로 대변신!

주위에서 쉽게 찾을 수 있는 플랜터

달걀 껍데기　　못 신는 운동화　　아빠의 소중한 기타

이런 텃밭이 길거리에도 있으면 좋을 텐데. 혹시 길거리에도 밭이 될 만한 곳이 있을까!?

길거리에도 뭔가를 심고 싶은 사람은

P58~61
'어른들에게 비밀로 하고 마음대로 씨를 뿌리자!'로

소여 모험대장이 전하는
도전 미션

WORK SHEET

사이좋은 단짝 식물을 찾아라!

함께 심으면 서로의 장점을 살려서 병충해로부터 보호하고 건강하게 자라는 사이좋은 단짝 식물, 이름하여 '동반 식물(Companion plant)'이라고 해. 예를 들면 토마토와 바질은 수확한 뒤 피자나 파스타를 만들 수 있고 맛도 훌륭한 단짝이지. 너도 사이좋은 식물 조합을 찾아 봐!

❶ 바질은 조금 그늘진 곳을 좋아하는데 키가 큰 토마토가 딱 알맞은 그늘을 만들어준다.

❷ 물을 잘 흡수하는 바질과 물이 적으면 달달해지는 토마토는 최고의 궁합이다.

❸ 바질향이 벌레를 얼씬도 못하게 한다.

❹ 쓰지 않는 가방이나 터진 자루는 화분으로 대변신!

동반 식물이란?

함께 자라면 서로에게 좋은 영향을 주는 식물의 조합을 '동반 식물'이라고 한다. 병충해에 잘 견디고 성장을 촉진하며 풍미를 좋게 하는 효과가 있다. 농약을 쓰지 않고 자연의 힘을 이용하므로 가정 텃밭이나 플랜터에서 재배하기를 추천한다. 과명이 다른 식물을 함께 심거나(각각의 특성을 살린다) 키가 다른 식물을 심거나(햇볕을 서로 빼앗지 않는다) 성장 속도의 차이를 이용해 공간을 효율적으로 활용하는 등 조합에 신경 쓰는 것도 텃밭을 가꾸는 즐거움 중 하나다.

동반 식물 도감

대표적인 동반 식물 데이터를 소개할게!
장점을 살려서 사이좋은 단짝과 함께 육성해 보자

래디시

- 품종 : 지칫과
- 장점 : 국화과 식물을 벌레로부터 보호한다!
- 성격 : 별명 '20일 무'라고 불릴 정도로 성장이 빠르고 활동적인 식물

땅콩

- 품종 : 콩과
- 장점 : 뿌리혹박테리아 파워로 흙에 영양분 주입!
- 성격 : 흙 속에 숨어들어 성장하는 신기한 식물

메리골드

- 품종 : 국화과
- 장점 : 선충(뿌리를 썩게 하는 벌레) 퇴치!
- 성격 : 어떤 식물과도 사이좋게 지낼 수 있는 인기 많은 식물

보리지

- 품종 : 지칫과
- 장점 : 딸기가 한층 더 맛있어지는 주문을 외운다!
- 성격 : 꽃가루받이(수분)를 돕는다. 벌이나 등에와도 사이좋은 꽃미남. 딸기를 좋아한다.

잎상추

- 품종 : 국화과
- 장점 : 유채과 식물을 벌레로부터 보호한다!
- 성격 : 햇볕 쬐기를 매우 좋아하는 유유자적한 식물

딸기

- 품종 : 장미과
- 장점 : 귀여운 모양과 달콤한 향기로 모두를 유혹하는 미인계!
- 성격 : 보호받고 싶은 공주님

숲은 누군가가 청소하지 않아도
낙엽이나 동물 사체로 넘쳐나지 않는 이유가 무엇일까?
그건 흙 속에 있는 미생물이 낙엽이나 동물 사체를 분해해서 숲에게
소중한 영양분이 가득한 흙으로 바꿔놓기 때문이야.

생명의 변신

콤포스트(퇴비통)를 사용해서
음식물 쓰레기를 퇴비로 바꾼다

이 속에서 '방선균'을 찾아라!

그런 자연의 힘을
이용해서 음식물 쓰레기를
퇴비로 바꾸는 장치가 '콤포스트(퇴비통)'야.
생활 속에서 나오는 음식물 쓰레기를 지렁이나 미생물들이 영양 만점의 비료로 바꾸고
그 비료를 사용해서 식물을 키워. 또 그걸 우리가 먹지.
우리도 생명이 변신하는 '순환 고리'의 일부인 거야.

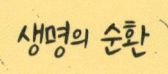 **생명의 순환**

① 낙엽이나 나무열매, 시든 풀꽃이 흙에 쌓인다.

② 벌레나 동물 사체도 흙에 쌓인다.

③ 그것을 흙 속에 있는 미생물(박테리아)이나 지렁이가 먹어서 분해한다.

④ 분해된 것은 식물을 성장시키는 영양분이 되어 나무들이 건강해진다.

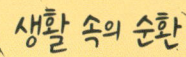 **생활 속의 순환**

① 직접 키운 채소를 먹는다.

② 자투리 채소 등 음식물 쓰레기가 나온다.

③ 콤포스트(지렁이나 미생물이 있는 흙을 넣은 상자)에 넣는다.

④ 콤포스트 속에서 분해가 일어난다.

⑤ 음식물 쓰레기가 흙이 될 때 나오는 액비나 퇴비는 채소가 건강하게 자라는 영양분이 된다.

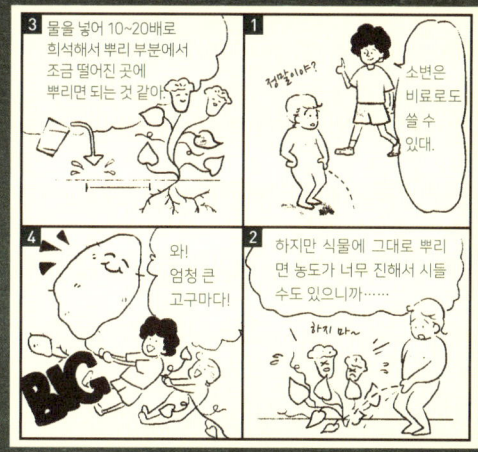

① 소변은 비료로도 쓸 수 있대.

② 하지만 식물에 그대로 뿌리면 농도가 너무 진해서 시들 수도 있으니까……

③ 물을 넣어 10~20배로 희석해서 뿌리 부분에서 조금 떨어진 곳에 뿌리면 되는 것 같아.

④ 와! 엄청 큰 고구마다!

소변이 비료가 된다는 게 사실이에요!?

건강한 사람의 소변에는 질소와 칼륨, 인산염 등 식물한테 반드시 필요한 양분이 듬뿍 함유되어 있기 때문에 비료 효과가 있다고 해. 특히 귤 등의 감귤류는 소변을 매우 좋아해.

모든 사람이 모이는 맛있는 밭
Gardening a Community

네가 시작한 텃밭 외에도
무엇이 있으면 훨씬 더 즐거워질까?
친구와 부모님, 이웃이나
학교 선생님도 끌어들여서
다 같이 밭을 만들면
식물을 더 많이 키울 수 있어.
밭의 채소가 자라면
피자 파티를 여는 건 어떨까?

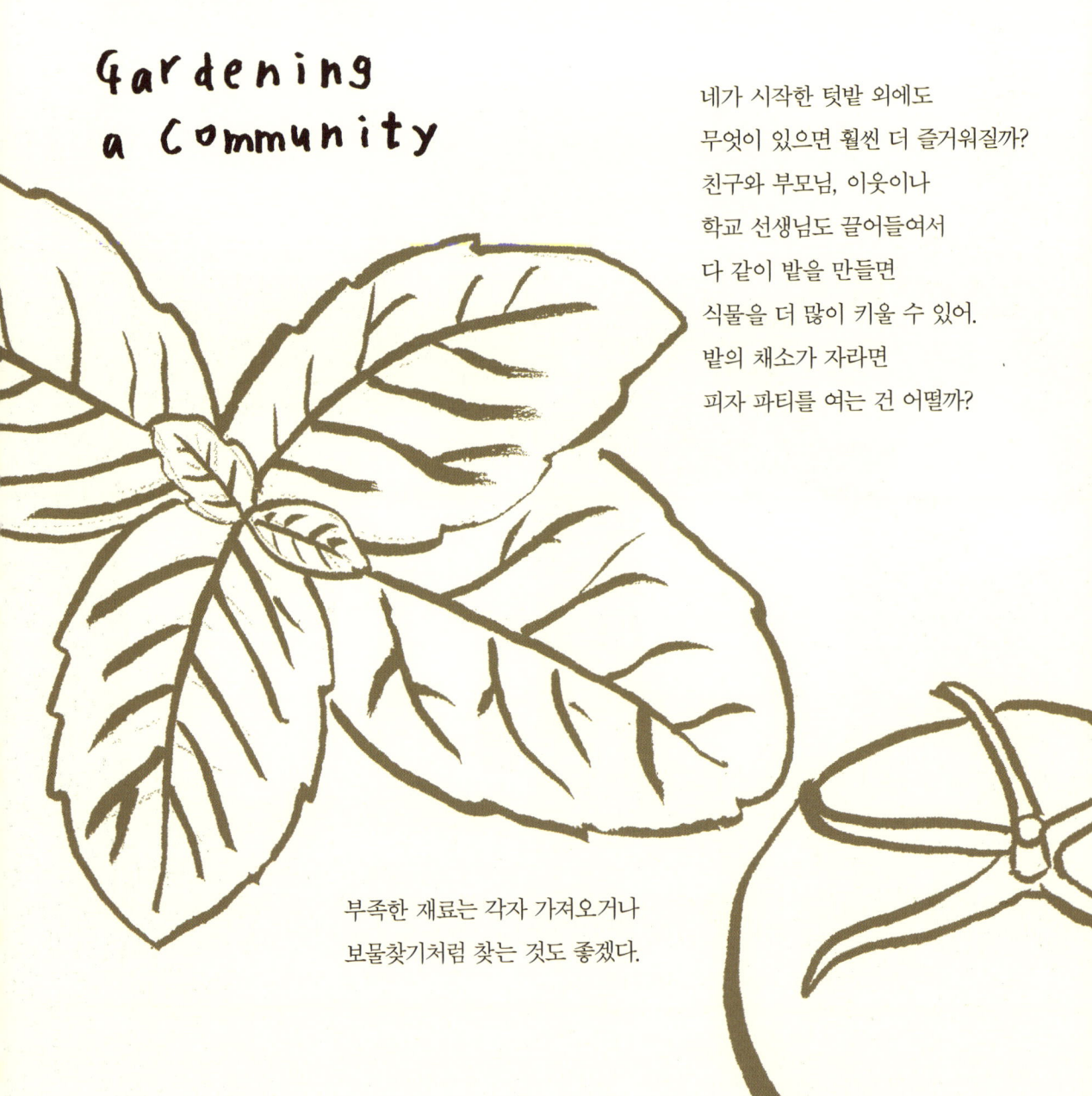

부족한 재료는 각자 가져오거나
보물찾기처럼 찾는 것도 좋겠다.

이웃집에서 키우는
닭이 낳은 달걀이나
꿀벌이 모은 벌꿀.
길가에 난 잡초도
먹을 수 있을지 몰라.

오븐은 어떻게 할래?
어쩌면 흙으로도
만들 수 있을 걸?
만드는 방법을 아는 사람이
있는지 주위에 물어봐.
재료와 도구가 준비되면
파티를 시작하자.

맛있는 냄새에 사람들이
점점 모여들 걸?
네가 시작한 텃밭.
그곳은 순식간에 모든 사람이
모이는 맛있는 비밀기지로 변신해.
다 함께 먹으면
훨씬 더 맛있어질 거야.

STORY

숲과 밭의 교실에 오신 것을
환영합니다

학교 건물 뒤쪽에 펼쳐지는 푸른 숲. 교정에는 다채로운 채소와 과일, 꽃을 키우는 밭이야. 도쿄 다마(多摩)시립 아이와(愛和) 초등학교에서는 온갖 나무들이 자라는 풍요로운 숲과 교정에 먹을 수 있는 식물을 키우는 커다란 밭을 교재로 삼아 '생명의 유대'를 알려주는 수업을 진행하고 있어. 다함께 채소를 키우고 먹거나 닭을 돌보거나 숲을 관찰하는 일은 과학과 국어, 수학, 사회 등의 공부와도 관련되어 있지. 눈으로 관찰하기. 손으로 만지며 냄새 맡기. 소리를 들으며 맛있게 먹기. 숲과 밭의 교실은 날마다 수많은 발견으로 넘쳐난다고.

사진 : 도야베 아리코

1학년 생활과
2학년에게 배우며 첫 밭일에 도전!

2학년 생활과
여름 채소와 고구마
모종 심기부터 수확, 조리까지 체험. 수확하면 다함께 채소 파티!

6학년 사회 / 과학 / 가정과
감자
광합성 실험으로 키우는 감자는 다섯 종류. 실험 후에는 감자칩 5종 만들기!

콤포스트
밭의 풀이나 자투리 채소, 달걀 껍데기도 모아서 퇴비가 되면 다시 밭으로……

5학년 사회 과학 가정과

쌀
지역 농가 분들에게 교육을 받으며 벼를 키운다. 모내기부터 잡초 뽑기, 벼 베기까지 전부 손으로 작업한다!

사육장
밭 사이를 활기차게 뛰어다니는 닭도 소중한 친구

과학 **3학년** 국어
가정과 사회

콩
콩 한 알이 몇 알로 늘어날까? 풋콩이나 된장, 두부로 형태가 달라지는 콩을 키워 먹으며 체험한다.

4학년 과학

순환
닭을 돌보는 일은 생명에 대한 공부. 닭똥은 흙이 되어 맛있는 채소를 키운다!

**도쿄 다마 시립 아이와 초등학교의
그린 프로젝트**

수목 관리와 식생활 교육을 연결하는 독자적인 환경 교육 프로그램은 에더블 교육(edible education)을 도입하여 숲과 텃밭에서의 체험을 교과목 학습과 연관 지으며 아동의 주체성, 협동성, 문제해결능력을 키우는 수업에 임하고 있다.

STORY

밭이 알려주는 것

어느 날 수업에서 여러 종류의 '무' 씨앗을 뿌렸습니다.
길고 짧은 무, 가늘고 굵은 무, 그리고 빨간 무까지.
무에도 '개성'이 있듯이 자연 속에는 똑같은 것이 하나도 없어요.
아이들은 무의 이름을 전부 외우고 좋아하는 무와 맛의 차이에 대해 이야기했습니다.
이 수업에서는 채소가 '모두 다른' 것의 재미를 알려주었습니다.

키우고 먹는 것은 매우 즐겁고 배울 점이 많습니다.
그래서 여러분이 맛있는 것을 좋아하고 먹보가 되었으면 좋겠어요.
먹는 행위에 탐구심과 호기심, 의문도 가지길 바랍니다.
그것은 여러 가지로 이어져 나갑니다.

또 어른은 이런 행동을 도와주세요.
아무리 바쁘더라도 제대로 챙겨 먹읍시다.
아이들의 미래를 아이들과 함께 생각하는 어른이 더 많이 늘어나야 해요.
이는 어른의 미래를 위해서라도 매우 중요한 일입니다.

마지막으로 대지를 지켜주는 농가와 친구가 됩시다.
생명의 비밀을 잔뜩 알려줘서 인생이 즐거워질 거예요.

호리구치 히로코 씨

일반사단법인 에더블 스쿨야드 재팬 대표, 텃밭 교육 연구가. 《식생활 교육 텃밭 에더블 스쿨야드》(이에노히카리 협회, 2006년), 《아트 오브 심플 푸드》(쇼각칸, 2012년)의 번역, 편집 등을 담당했다.

다함께 키우고 먹어요

자신이 심고 싶은 채소를 정해서 다함께 키운대.
먹기 싫어했던 채소도 직접 키우니 먹을 수 있게 되는 학생이 많다고 해.

가든 일러스트 :
우치야마 아쓰코

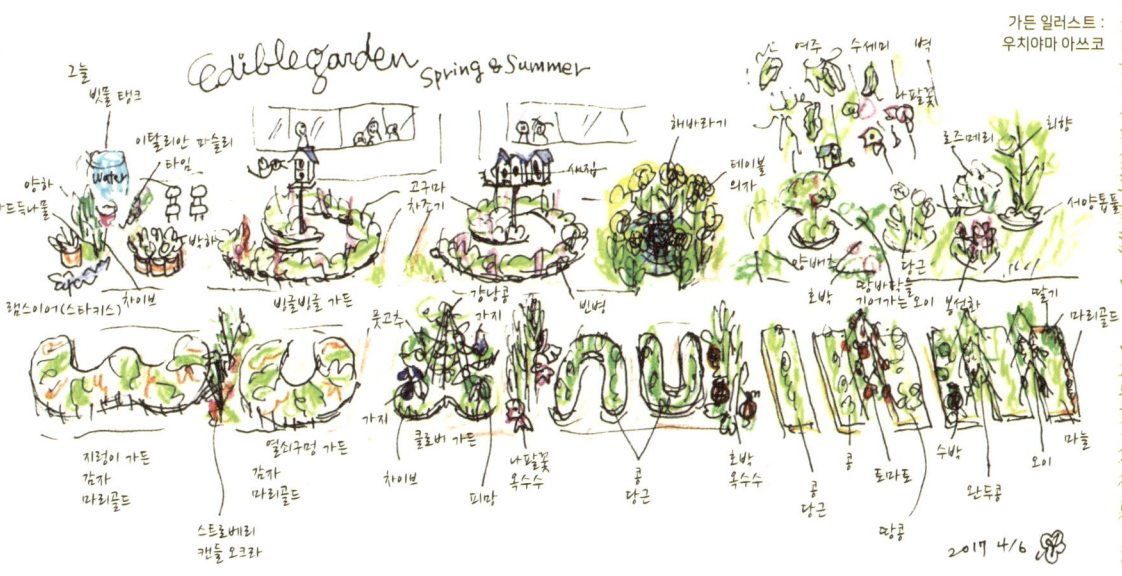

직접 키운 보리를 뽑아서 만든 피자. 밭에 있는 채소도 토핑!

에더블 스쿨야드

미국 캘리포니아 주의 공립중학교에서 시작한 '먹을 수 있는 학교 정원=식생활 교육 텃밭'을 만들어 필수과목, 텃밭, 주방에 관한 수업을 통합하여 '생명의 유대'를 체험적으로 배울 수 있는 교육 프로그램. 이 교육을 '에더블 스쿨야드 재팬'의 호리구치 씨와 그녀의 동료들이 일본 학교에 보급하는 활동을 하고 있다. 선생님과 보호자, 지역 분들과 협력해가며 '함께 키우고 함께 먹는 생명 교육'의 장소를 일구고 있다.

URL : www.edibleschoolyard-japan.org

파트너로서의 생물들

동물의 습성을 살린 밭 만들기

숲에 수많은 곤충과 동물이 살고 있듯이 밭에도 다양한 생물이 있어야 그곳이 계속 윤택해져. 밭의 채소가 자라는 것을 도와주거나 먹을거리도 만들어주지. 예를 들면 '꿀벌'과 '닭'은 어떤 습성이 있을까?

닭

알을 낳는다
↓
인간은 달걀을 먹을 수 있다

흙을 발로 긁으며 걷는다
↓
밭을 일군다

벌레를 잡아먹는다
↓
지나치게 많은 벌레를 줄여준다

똥을 싼다
↓
밭의 비료가 된다

꿀벌

식물 사이를
날아다닌다
↓
수분을 돕는다

꽃의 꿀을 모은다
↓
벌꿀을 나눠준다

벌레를
잡아먹는다
↓
지나치게 많은 벌레를
줄여준다

꿀벌아 알려줘!

Q 좋아하는 꽃은 무엇인가요?

A '벚꽃'이나 '굴나무'와 같은 산에 피는 꽃, '클로버'나 '연꽃'과 같은 들에 피는 꽃을 좋아해요. 봄에는 모두 신바람이 나지요. 작아서 꿀을 쉽게 빨아먹을 수 있는 꽃을 좋아합니다. …… 왠지 전문가다워 보이지만 맛은 아무래도 상관없어서 질보다 양을 추구해요. 아무래도 가족이 많다 보니 어쩔 수 없어요. 우리는 달콤한 꿀이 있는 꽃밭을 찾으면 동료들에게 8자 춤을 춰서 장소를 알려준답니다.

이 세상에서 벌이 사라진다면?

꿀벌이 사라지면 무슨 일이 일어날까? 꿀벌이 꽃가루받이를 도와주는 식물이 열매를 맺지 못해. 그렇게 되면 전 세계 식량의 절반 이상이 사라지고 말아! 현재 소중한 꿀벌의 수가 점점 줄어들고 있어. 그 이유는 무엇일까?

WORK SHEET

'잘 먹겠습니다'라는 기도

눈앞에 있는 생명과 만들어준 모든 사람들에게

'잘 먹겠습니다'라는 말은 생명을 받기 전에 올리는 감사 기도야.
음식을 먹기 전에 한 번 호흡하고 마음을 담아 '잘 먹겠습니다'라고 말해 보자.

자신의 말로 기도해 봐.

이 음식을 키워준 자연의 은혜에 감사합니다.
농가의 여러분 고맙습니다.
맛있는 요리를 주셔서 고맙습니다.
이 생명들이 우리를 통해 다시 한 번 꽃피울 수 있도록 힘을 내서 맛있게 먹겠습니다.

글 : 쓰지 가오리

들풀레시피

들풀차
쑥이나 쇠뜨기 등 들풀을 파삭파삭해질 때까지 그늘에서 말린다. 말린 찻잎이 되면 주전자에 넣고 뜨거운 물을 부어서 마셔 보자.

> 다양한 들풀을 찾아서 맛과 향을 비교해 봐!

새의 점심
씨앗이나 나무열매, 과일도 새의 먹이. 새가 좋아하는 먹이를 알고 싶으면 각각 다른 용기에 넣어서 어느 것이 가장 먼저 빈 통이 되는지 조사해 보자!

지구의 보물찾기

? 나비는 종류에 따라 애벌레가 먹는 식물이 다르다. 노랑나비 애벌레가 좋아하는 식물은 무엇일까?

? 개미가 좋아하는 먹이를 씨앗에 붙여서 훨씬 먼 곳까지 운반하게 하는 식물은 무엇일까?

개미를 염탐하면 씨앗을 떨어뜨릴지 몰라……

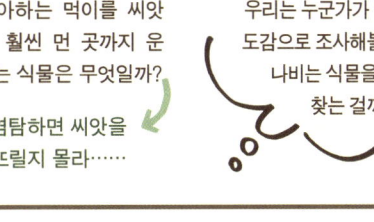

우리는 누군가가 말해주거나 도감으로 조사해볼 수 있지만 나비는 식물을 어떻게 찾는 걸까?

난 무엇을 만들 수 있을까?

구입하는 사람에서 만드는 사람으로
From Consumer to Creator

현대 사회는 뭐든지 가격이 붙어 있어서 대부분의 물건은 돈을 내면 살 수 있어.
또 돈으로 살 수 있는 것은 반드시 누군가가 어딘가에서 만들고 있지.
예를 들면 지금 네가 입고 있는 옷도 그래. 누군가가 실로 짜거나 바느질했기 때문에
옷으로 입을 수 있어. 날마다 먹는 밥도 마찬가지야.

네가 옷이나 먹을거리를 직접 만들 수 있다면 네 생활은 어떻게 달라질까?
어디에도 팔지 않는 너만의 물건을 얻을 수 있어.
물건을 직접 만들고 살아가는 것은 자신만의 개성을 표현하는 것과 같아!

너희 안에는 남들이 모르는 엄청난 재능이 숨어 있어.
그러니 계속 스스로 물건을 만들어 봐.

그렇게 하면 새들이 자기 둥지를
지을 수 있듯이 너희도 자신이 살 집을
지을 수 있는 날이 반드시 올 거야.

네가 오늘 입고 있는 옷은 어디에서 누가 만들었는지 알고 있니?
그 옷을 못 입게 되어 버리면 어디로 갈까?
새 둥지는 못 쓰게 되면 흙으로 돌아가.
그것이 또 다시 새 둥지를 만드는 나뭇가지와 잎을 키우는 영양분이 돼.
자연 속에서 형태를 바꿔서 계속 순환하고 있는 거야.

하지만 우리의 생활 속에서 물건이 어디에서 오고 어디로 가는지 알 수 없게 되고 말았어.
어쩌면 우리의 눈에 보이지 않는 어딘가에서 누군가가 계속 물건을 만들기 위해
지나치게 일하거나 쓰레기가 늘어나서 곤경에 처한 사람들이 있을지도 몰라.

그렇다면 우리가 직접 만들거나 필요 없어지면 누군가에게 선물하는 것이
훨씬 더 즐거울 것 같지 않니?
새 둥지처럼 계속 순환하는 세계를 만드는 일은 우리도 당연히 할 수 있을 거야.

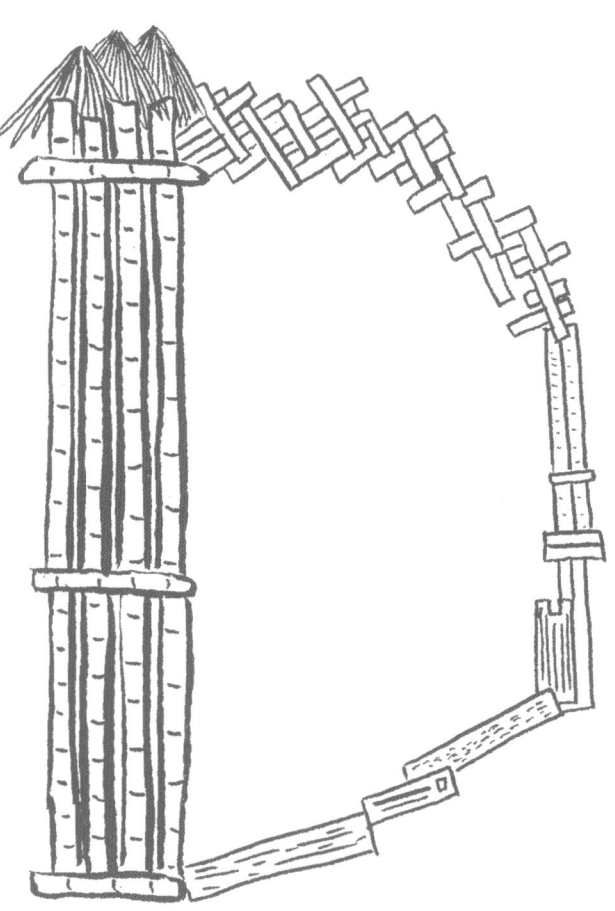

우리가 직접 만들자!
Do it ourselves!

정말로 갖고 싶은 물건은 자신만 만들 수 있어.
자신이 만들고 싶은 세계를
직접 만들 수 있게 되면
우리가 사는 세계는 어떤 식으로 변화할까?

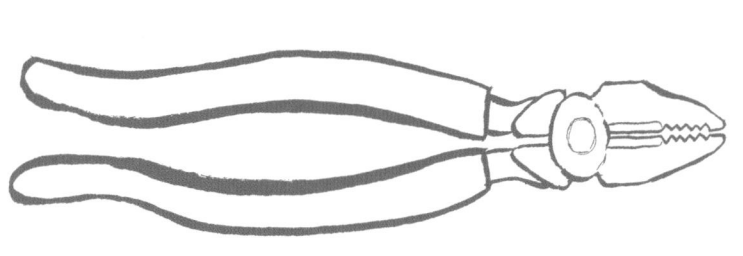

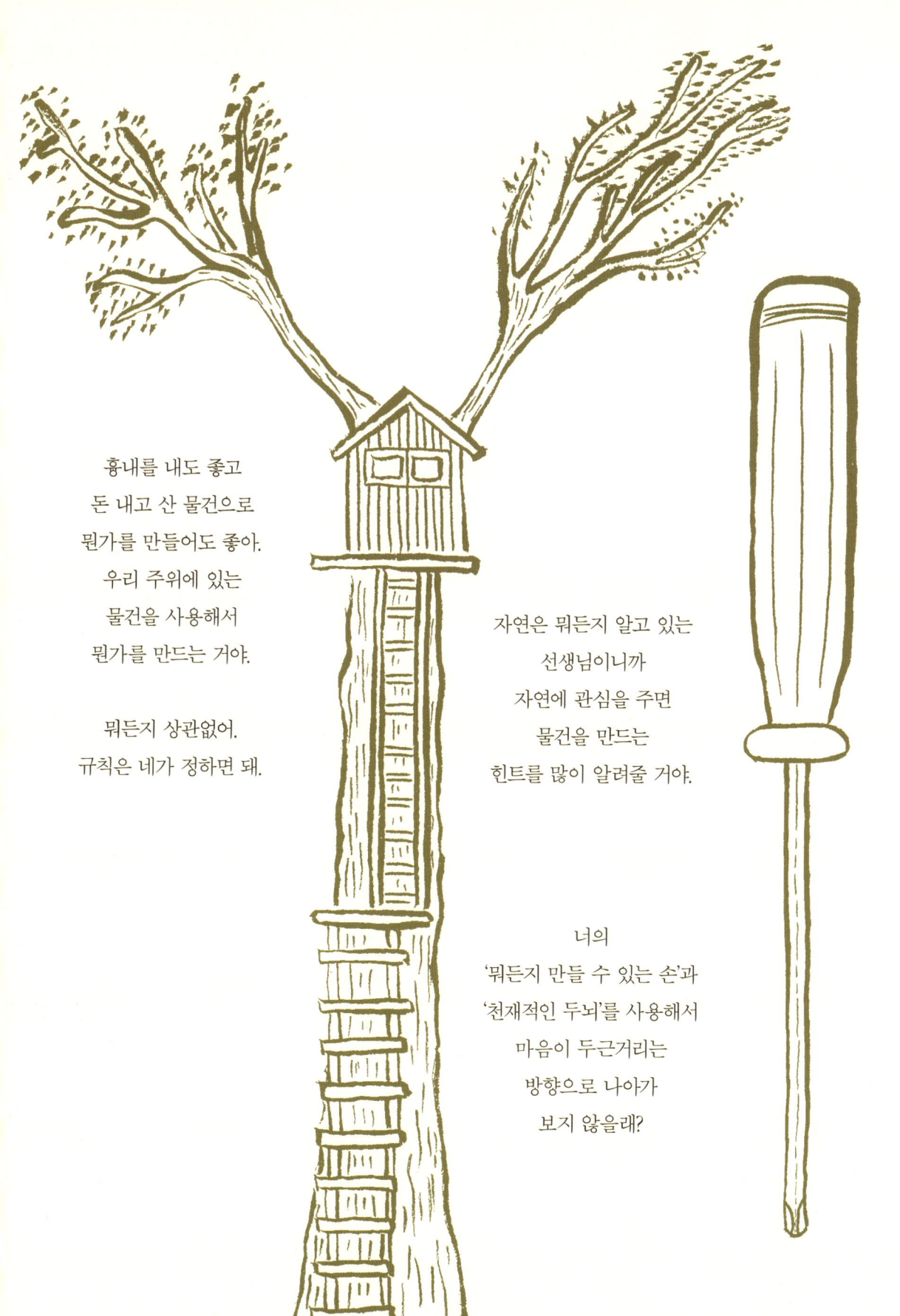

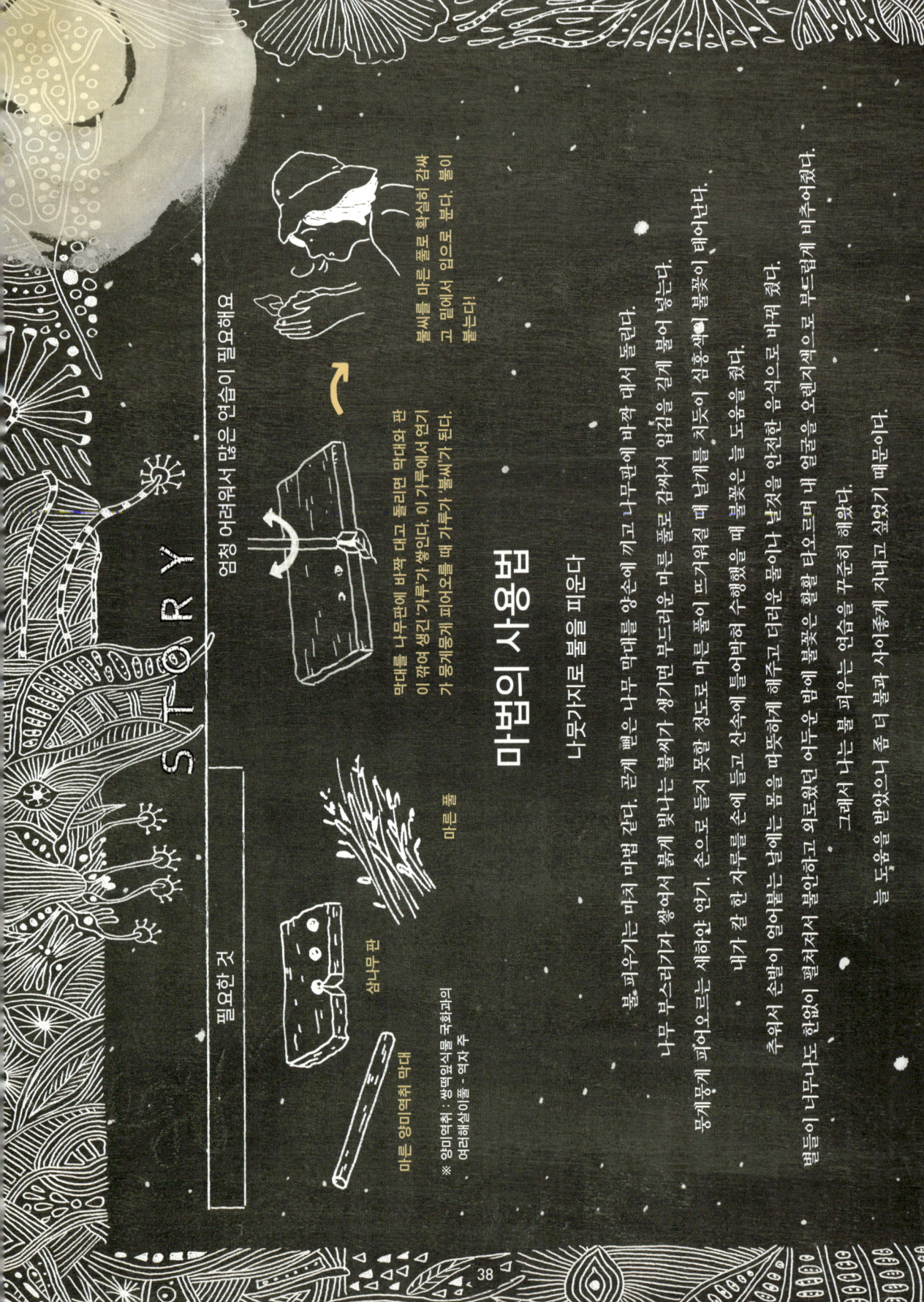

지금까지 꽤 많이 연습하며 조금씩 알게 된 사실이 있다.

불피우기란 즉 아주 먼 옛날부터 전해져오는 인간의 기술을 사용하여 식물에 담긴 태양의 힘을 불러일으키는 것이다.

불피우기는 이 세상을 훌로 견기 위한 '첫걸음'과 같다.

불을 다루는 것은 이 지구를 관통하는 열의 마법에 의해 이해하는 연행이다.

언젠가 불을 자유롭게 피울 수 있게 되었을 때, 너희의 마음에는 용기의 불꽃이 켜질 것이다.

그것은 나무막대기 밖이 없어도 너희의 싶은 삶을 비추는, 사라지지 않는 햇불이다.

자, 여행을 떠날 때가 있다.

불꽃이여, 가라.

웬디 씨

인간이 지구를 망가뜨리지 않으려면 어떻게 해야 할 것인지 생각해서 1만 여 년 전에 살았던 인디언의 기술부터 첨단 3D 프린터 기술까지 터득한 사람. 현재는 일본 폐교에 다이내믹 태배러토리라는 사민 공방을 창설. 헌의 가고시마(鹿児島)현

WORK SHEET

물을 모은다

수도를 틀지 않고 물을 확보한다

물은 어디에서 올까?

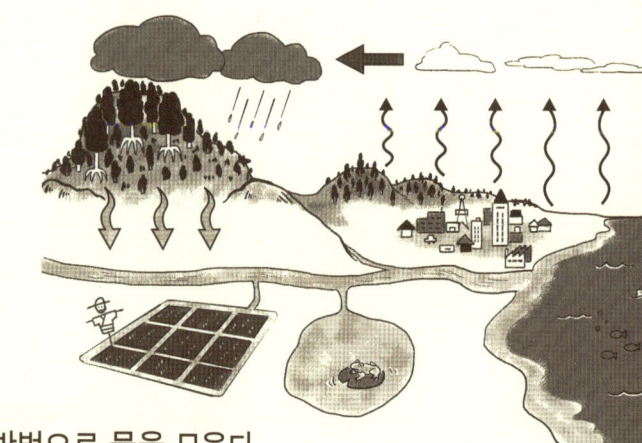

모습을 바꿔서 순환하는 물
'물'은 이 세상을 살기 위해서 반드시 필요한 존재야. 이러한 물은 '바다'의 증발과 숲의 증산 작용으로 '구름'이 생겨서 '비'가 내리고 비는 흙 속에 스며들어 지하수가 되거나 강에서 바다로 흘러가 증발하여 다시 비가 내리는 식의 변신을 반복하지. 수돗물은 강이나 지하수 물이 관을 통해 우리가 사는 집에 들어오는 거야. 하지만 잠깐 생각해 봐. 지구를 뒤덮은 바닷물이나 식물과 우리 몸속에 순환하는 물도 기원을 따라가 보면 하늘에서 내린 비라는 것을 알 수 있어.

여러 가지 방법으로 물을 모은다

식물에서 물을 모은다
잎이 많이 붙어 있는 나뭇가지에 비닐봉투를 씌워서 입구를 묶고 햇볕을 쐬게 놔두면 잎에서 증발한 물이 봉지 바닥에 모인다.
※ 이 작용을 '증산'이라고 한다.

아침 이슬을 모은다
풀이 많이 자란 곳을 찾으면 아침에 일찍 일어나서 아침 이슬을 모으자. 다리에 수건이나 손수건을 감고 풀숲을 오로지 걸어 다녀서 천에 스며든 물을 짜 용기에 모은다. 한 시간에 약 1리터의 물을 모을 수 있다.

강물을 마셔 보자

필요한 물건

양동이 · 커터칼 · 활성탄 · 거즈 또는 천 · 모래 · 자갈 · 종이컵 · 페트병

> 식수로 만드는 포인트는 자비! 자세한 내용은 직접 조사해 봐.

직접 해보자

1 강물을 양동이로 푼다.
잠시 그대로 둬서 모래나 커다란 불순물을 가라앉힌다.

2 여과한다
자갈이나 모래를 페트병에 그림과 같이 채워 넣는다. 위에서 강물을 부어서 세 번 이상 여과한다.

3 자비(煮沸)한다
종이컵에 여과한 강물을 넣고 불 위에 올려서 10분 동안 자비하여 살균한다.

`여과` … 모래나 작은 벌레 등의 불순물을 제거하는 것
`자비` … 물을 펄펄 끓여서 열로 물을 살균하는 것

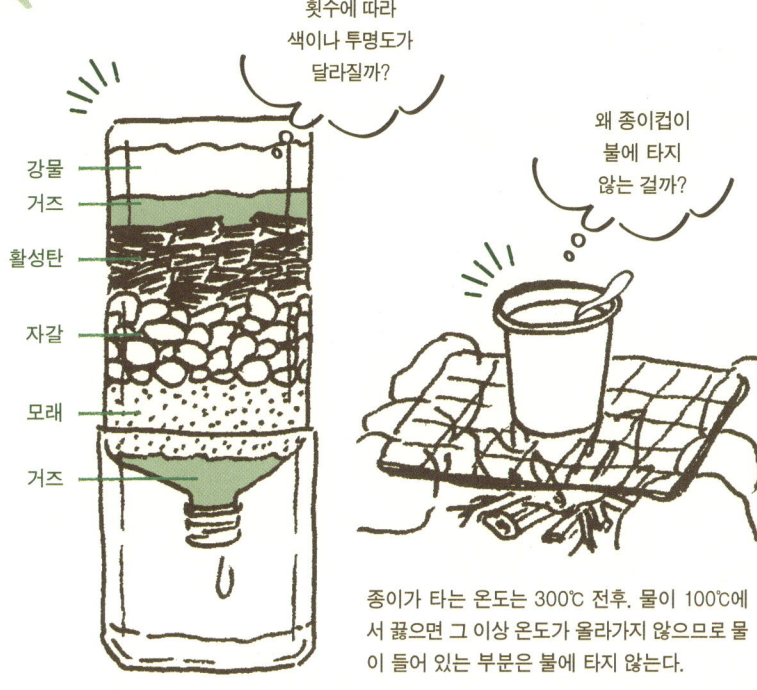

횟수에 따라 색이나 투명도가 달라질까?

왜 종이컵이 불에 타지 않는 걸까?

(라벨: 강물, 거즈, 활성탄, 자갈, 모래, 거즈)

종이가 타는 온도는 300℃ 전후. 물이 100℃에서 끓으면 그 이상 온도가 올라가지 않으므로 물이 들어 있는 부분은 불에 타지 않는다.

전기와 에너지

전기의 구성 요소와 자가 발전 추천

조명이나 텔레비전, 냉장고에 에어컨. 당연하게 사용하는 이런 도구들은 전부 '전기'로 움직여. 전기는 여러 에너지가 형태를 바꾼 것인데 대부분은 발전소에서 석탄이나 천연가스 등을 태워서 대량으로 만들어지지. 전기가 생기고 인간의 생활은 언뜻 보기에 편리해진 것 같아. 하지만 그 대신에 우리는 지구의 한정적인 자원을 다 써 버려서 계속 파괴하고 있어. 태양광, 비, 바람. 우리 주위에는 지구가 준 무한한 에너지로 넘쳐나. '전기'도 이 에너지를 사용해서 직접 만들 수 있게 되면 재밌지 않을까?

- 풍력
- 바이오 가스
- 수력
- 천연 가스
- 태양광
- 지열
- 석탄 등
- 원자력

내가 쓰는 전기는 직접 만든다!

우리가 생활 속에서 사용하는 전기량이 얼마나 되는지 알고 있니? 먼저 자신이 쓰는 전기량을 조사해 보자. 정말로 필요한 전기는 몇 볼트일까?

태양광 패널
태양광이나 밝은 빛을 전기로 바꾸는 장치

충전 컨트롤러
발전한 전기량을 조정하는 장치

배터리
발전한 전기를 저장해 놓는 장치

오프그리드(off-gird)가 뭐에요?

오프그리드란 전선과 집을 분리해서 자신이 사용하는 전기를 직접 만들어내는 것을 말한다. 지붕에 태양광 패널을 설치해서 태양광을 전기로 바꾸는 경우가 많다. 전력회사의 전기를 제공받지 않기 때문에 전기요금이 무료다. 전기가 없던 과거에는(17~19세기 정도) 해가 떠 있는 동안 생활하며 햇볕이 키운 작물을 먹었다. 예로부터 태양은 생활의 에너지원이었다.

에너지에 대해 좀 더 자세히 알고 싶은 사람은

P126-127
'자연 에너지 조견표'로

WORK SHEET

어스 오븐(흙 오븐)을 만든다

흙에서 조리도구가 탄생한다

흙과 모래와 짚으로 만드는 정말로 '지구'의 일부에서 탄생한 오븐.
지구의 소재를 빌려서 쓰지 않으면 다시 대지로 돌려보낸다.
옛날부터 전 세계 곳곳에서 쓰였던 먹기 위한 소중한 도구.
너도 이 오븐으로 최고의 피자를 구워 보지 않을래?

작은 크기부터 시작해도 괜찮아! 너만의 디자인도 생각해 봐.

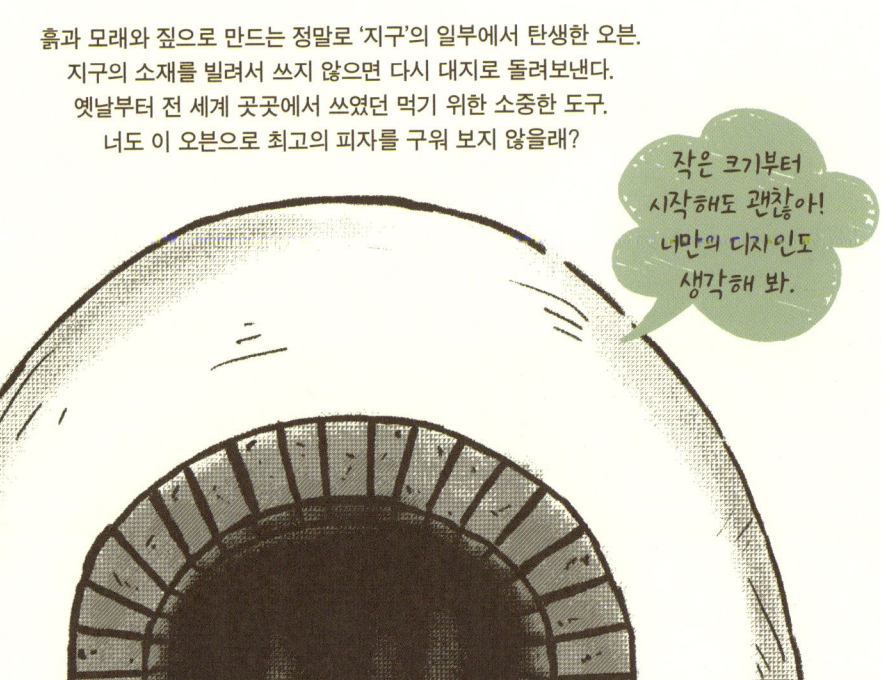

필요한 물건

점토질의 흙   짚   모래   토대로 사용할 벽돌

직접 해보자

흙을 반죽해 붙여서 굳힌다! 직접 조사해 보자.

1 오븐 내부를 만든다

벽돌로 토대를 짠다. 그 위에 흙과 모래를 합쳐 산을 만들고 나중에 속을 파내기 위해 신문지를 붙인다.

2 1층을 만든다

그 주위에 점토질 흙으로 층을 만든다. 직사광선을 피해서 말리자.

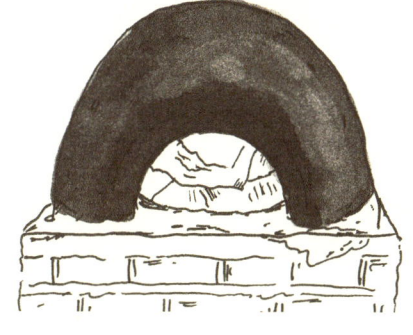

3 2층을 만든다

흙과 짚을 섞은 것으로 다시 바깥쪽에 층을 만든다. 빗물에 젖지 않도록 1~2개월에 걸쳐서 천천히 말린다.

4 모양을 다듬는다

오븐 내부의 모래를 없앤다. 오븐 표면과 입구 부분을 다듬으면 완성!

소여 모험대장이 전하는 도전 미션

비밀 기지 설계도를 그린다

흥분과 설렘이 느껴지면 뭐든지 할 수 있다!

WORK SHEET

필요한 물건	직접 해보자	약속
여기에 있는 것은 커다란 나무뿐이야. 그밖에 또 뭐가 필요할까?	① 너만의 비밀기지 설계도를 그리자 ② 작은 새의 비밀기지도 만들어 주자 ③ 땅 밑에 개미의 비밀기지도 만들어 주자	어른에게 이 페이지를 보여주지 말 것. 비밀기지니까.

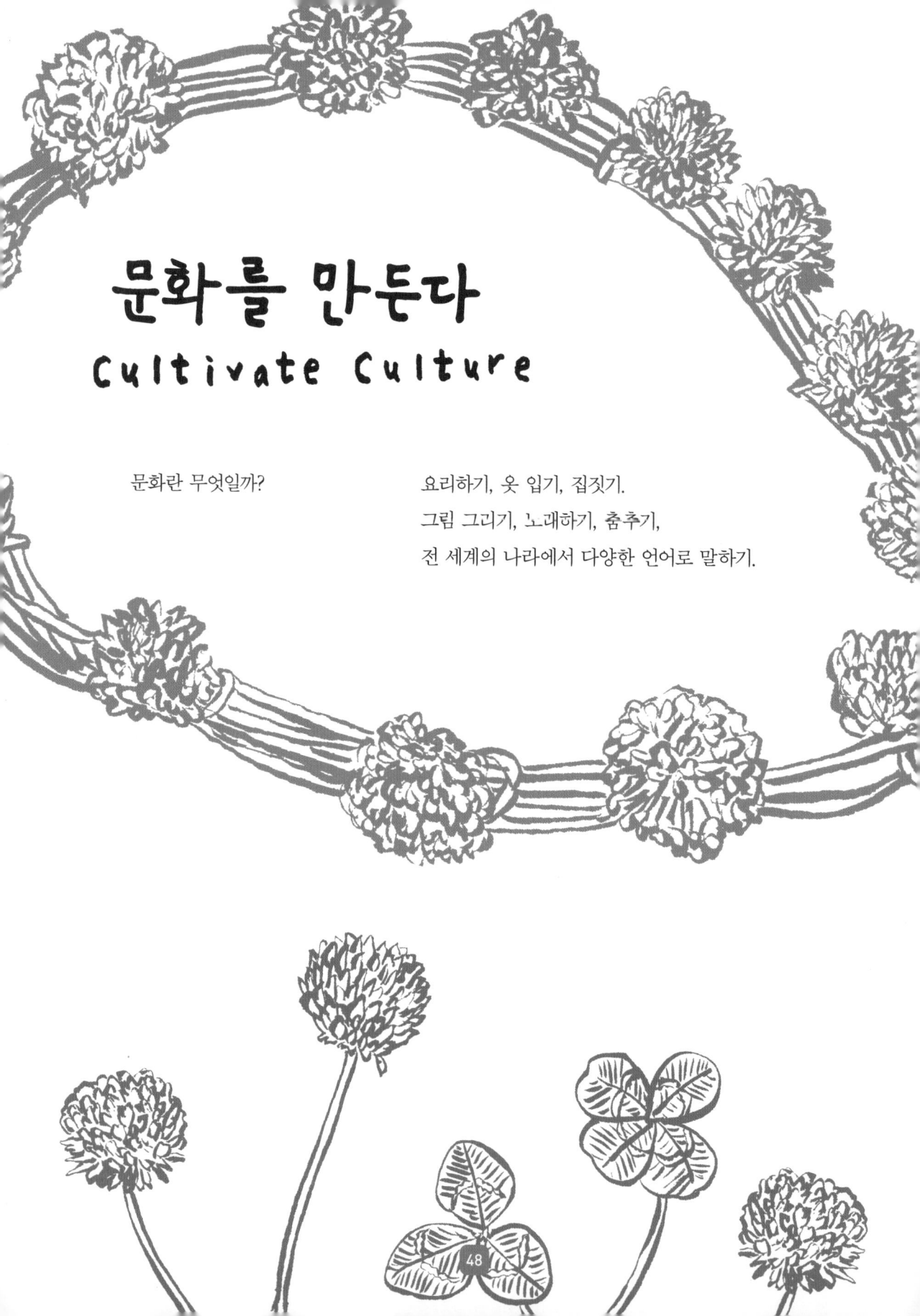

문화를 만든다
Cultivate Culture

문화란 무엇일까?

요리하기, 옷 입기, 집짓기.
그림 그리기, 노래하기, 춤추기,
전 세계의 나라에서 다양한 언어로 말하기.

이것도 전부 '문화'의 일부야.
문화는 많은 사람과 뭔가를 함께 하는 일에서 생겨나.

현재 당연하게 생각하는 문화도
처음에는 분명히 누군가가 생활을 즐겁게 하기 위해서 아이디어를 낸 것이 아닐까?
그게 전 세계로 퍼져서 모든 사람들에게 당연한 일이 되어 가는 거지.
그러니 네가 친구와 생각해서 만든 게임도
너희만이 만들 수 있는 훌륭한 문화야.

일상생활 속에서 네가 만든 문화가 여러 사람에게 전해져서
어쩌면 누군가를 행복하게 하거나 도와주는 힘이 될지도 몰라.

다함께 '행복한 문화'를 만들어 가자.

전 세계의 다양한 집

일 년 내내 더운 나라나 눈으로 뒤덮인 나라, 바다에 둘러싸인 나라. 세계에는 그 나라의 계절이나 생활에 맞춰서 만들어진 다양한 형태의 집이 있어.

🇳🇴 노르웨이
풀꽃으로 이루어진 지붕이 있는 집

여름에는 덥고 겨울에는 추운 노르웨이에서는 통나무로 지은 집의 지붕에 잔디나 나무를 심는다. 여름에는 지붕의 식물이 증산 작용으로 집안을 시원하게 하고 겨울에는 단열재 역할을 해서 따뜻하게 해준다. 또 벌레나 작은 동물의 서식처가 되어서 마치 하나의 정원과도 같다.

🇵🇪 페루
호수에 뜬 섬에 지은 집

페루의 티티카카 호수에 떠 있는 우로스섬은 우루족이 '토토라'라고 하는 짚처럼 생긴 풀을 엮어서 만든 섬이다. '토토라'는 집이나 배의 재료, 밭이나 불씨, 식량이 되기도 한다. 결혼해서 가족이 늘면 섬을 붙이는 등 크기를 자유롭게 바꿀 수 있다.

🇯🇵 일본
초가지붕 집

누에치기가 성행한 호쿠리쿠(北陸) 취락에서는 넓고 바람이 잘 통하는 장소에서 누에를 치기 위해 '갓쇼즈쿠리(합장한 손 모양 같은 삼각형 지붕 양식)'라고 불리는 띠로 이은 큰 지붕을 얹은 집을 지었다. 경사가 급한 지붕은 눈이 쌓여도 저절로 떨어지고 물도 잘 빠진다. 오래된 지붕은 밭의 비료가 되어 싱싱한 채소를 키운다.

🇦🇺 호주
태양조(Olive-backed Sunbird)의 집

원숭이나 뱀 등의 외적으로부터 알과 새끼를 숨기고 접근하지 못하도록 나뭇가지 끝에 둥지를 짓는다. 거미줄을 접착제로 삼아 마른 풀, 솜털, 뿌리, 깃털 등의 소재를 감아서 형태를 만든다. 입구에는 빗물이 들어오지 않도록 차양이 달려 있다.

🇨🇦 캐나다 북부
눈으로 만든 집

일 년의 대부분을 눈과 얼음에 뒤덮인 북극해 연안 지역에서 생활하는 민족 '이누이트'는 바다표범 사냥 기간 중 눈 블록을 쌓아 올려서 만든 '이글루'라는 집에서 생활한다. 찬바람이 직접 들어오지 않도록 집안의 높이를 바꾸거나 안쪽 바닥에 바다표범의 털가죽을 깔아서 혹독한 추위를 견딘다.

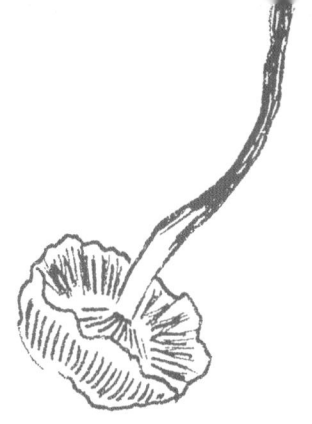

에지가 뭐지?

에지에서 놀기

edge

즐거운 일은 에지에 있다
Edges are Exciting

'에지'라는 말을 들어본 적이 있니?

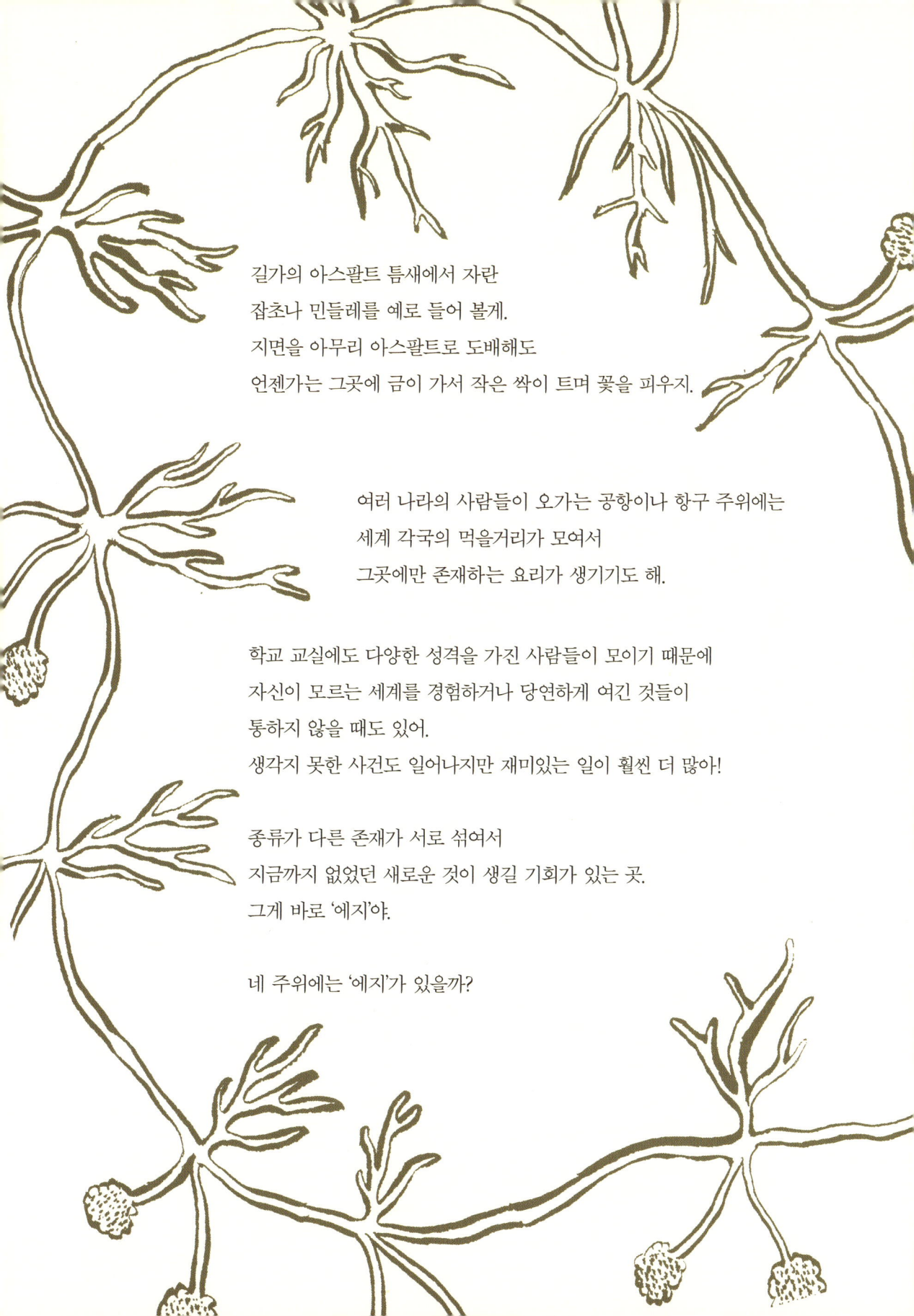

길가의 아스팔트 틈새에서 자란
잡초나 민들레를 예로 들어 볼게.
지면을 아무리 아스팔트로 도배해도
언젠가는 그곳에 금이 가서 작은 싹이 트며 꽃을 피우지.

여러 나라의 사람들이 오가는 공항이나 항구 주위에는
세계 각국의 먹을거리가 모여서
그곳에만 존재하는 요리가 생기기도 해.

학교 교실에도 다양한 성격을 가진 사람들이 모이기 때문에
자신이 모르는 세계를 경험하거나 당연하게 여긴 것들이
통하지 않을 때도 있어.
생각지 못한 사건도 일어나지만 재미있는 일이 훨씬 더 많아!

종류가 다른 존재가 서로 섞여서
지금까지 없었던 새로운 것이 생길 기회가 있는 곳.
그게 바로 '에지'야.

네 주위에는 '에지'가 있을까?

모험하자!
Time for Adventure!

누군가가 하면 안 된다고 한 일은 왜 하고 싶어지는 걸까?
어쩌면 거기에는 아직 우리가 모르는
세계가 기다리고 있다는 사실을
네가 깨달았기 때문일 수도 있어.

모르는 사람과 만나서 이야기하거나 모르는 장소에 가기.
해 본 적 없는 일을 시도하기.
비밀 만들기, 조금 위험한 일을 해 보기.
이런 일을 할 수 있겠니? 모르니까 무서우려나?

하지만 거기서 앞으로 한 발 내딛으면
설레는 마음과 흥분이 더해져서 미지의 가능성이 있는 세계가 펼쳐지기 시작해.
그게 모험한다는 거야.

누군가가 시켜서 하는 게 아니라 자신의 눈으로 보고
손으로 만져서 확인하고 싶은 일이 있다면
그 일을 해 봐도 되지 않을까?
누군가가 할 수 없다, 하면 안 된다고 한 일도
정말로 그런 것인지
자신이 직접 해봐야만 알 수 있어.

WORK SHEET

어른들에게 비밀로 하고 마음대로 씨를 뿌리자!

모든 사람이 공유하는 장소가 우리의 정원

필요한 물건

손(또는 모종삽)　　식물의 씨앗이나 모종, 꺾꽂이

 **힌트** 마음대로 씨를 뿌리면 깜짝 놀라는 사람이 있을지도 몰라! (그래서 일단은 몰래 하도록 해. 하지만 모든 사람이 공유하는 장소니까 씨를 뿌려도 당연히 괜찮을 거야. 다른 동물도 하고 있으니까.)

직접 해보자!

1 ··· 돈을 최대한 쓰지 않고 씨앗이나 모종을 확보한다.
2 ··· 심을 장소를 찾는다. 아무도 사용하지 않는 공터나 주차장, 도로의 가장자리. 흙이 있는 곳.
3 ··· 구멍을 파서 씨앗이나 모종을 심는다.
4 ··· 잊지 않도록 표식을 올려놓자.
5 ··· 싹이 텄는지, 뿌리를 내렸는지 한동안 관찰해 보자.

씨앗, 모종을 확보한다

과일이나 자연에서 자란 식물에서 씨앗을 찾는다

이웃 중 식물을 키우는 분에게 부탁해서 나눔을 받는다

원예점, 슈퍼마켓에서 구입한다

어디에 심지?

아무도 돌보지 않는 인도의 화단

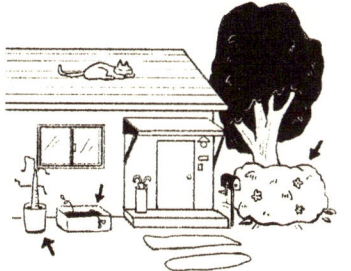
손보지 않은 누군가의 화분

쓰지 않는 공터

심어 본다

모종삽으로 구멍을 파 모종을 심고 위에서 흙을 살살 뿌린다.

술래잡기를 하면서 씨를 뿌린다.

걸어 다니면서 씨를 뿌린다.

3 친구와 길거리에서 식물이 자랄 만한 장소를 찾아서 씨를 뿌리거나 꽃을 심어 본다

친구와 팀명을 정해서 거리에 씨를 뿌릴 수 있을 만한 장소를 찾는 여행을 떠나자.
우리만의 지도를 만들어도 좋아.

난이도
☆★★★★

어른에게 혼나면……
네 마음을 솔직하게 전해 봐.
어쩌면 어른들도 함께 꽃을 심어 줄지 몰라.

게릴라 가드닝이란?

공공장소에 식물을 마음대로 심어서 도시를 푸르게 바꾸자! 라고 영국에서 시작된 자원봉사 활동 중 하나야. 도시에는 자유롭게 쓸 수 있는 땅이 적지만 도로 옆이나 공터 등 활용되지 않는 장소가 많잖아? 그곳에 식물이 자라면 거리의 풍경이 밝아지고 생물의 서식처가 되기도 해. 게릴라 가드닝에서 중요한 것은 자신이 사는 동네를 좀 더 즐겁게 만들고 싶다는 마음을 갖는 것이야. 나부터 시작하기. 그것이 새로운 관계를 만드는 계기도 될 거야!

식물 심기에 대해 좀 더 알고 싶은 사람은

P16~17
'사이좋은 단짝 식물을 찾아라!'로

STORY

안녕!
난 마크라고 해.
너희들은 어떤 장소에 있으면 가장 즐겁니?
그곳은 어떤 점이 특별해?
여러 사람들이 모이는 공간과 나만의 공간.
이 장소가 서로 만나면 어떤 일이 일어날까?

시티 리페어 (City Repair) 이야기

모두 모여라!
가슴이 두근거리는 거리

나도 우리집 정원에 그런 장소를 만들어야지!

그렇구나!!

동물이나 새들한테도 물어 봤어...

아하—

난 이탈리아의 광장이나 선주민의 성스러운 땅을 방문해서 사람들이 어떤 장소에 즐겁게 모이는지 관찰했어.

숲속의 나무와 폐자재를 사용해 함께 비밀기지 카페를 만들어서 매주 사람들에게 차를 대접했더니

친구와 이웃, 모르는 사람한테도 말을 걸어 보고

저마다 더 즐거워지는 것을 들고 모이기 시작했지.

머핀 드세요~

맛있는 과자를 들고 오는 사람, 기타를 치는 사람이 찾아오기도 했어…….

하지만…
멋대로 만들면 안 돼!

지금까지 '보는' 입장이었던 사람이 함께 '만드는' 사람이 되었어!

적성에 맞는 것 같아요…

뭐하는 거예요?

그러자 지나가던 사람도 모여서

공공장소는 국가의 소유물이라서 멋대로 손보거나 바꾸면 안 된다고 배웠지만 사실은 모두가 이용하는 장소야. 어느 동네의 주민은 자신들이 사는 동네를 좀 더 즐거운 장소로 만들기 위해서 길가에 비밀기지나 재미있는 모양의 벤치를 만들어서 누구든지 자유롭게 모일 수 있는 장소를 만들었어.

마음은 통한다! 우리는 모두 친구

한 번은 행정기관에서 안 된다며 중단시켰는데 주민들은 포기하지 않고 계속 만들었어. 또한 행정기관을 '적'으로 보지 않고 언젠가 '친구'가 될 수 있다고 믿으며 끊임없이 설득했지. 결국은 확실히 인정받아서 주민들의 힘으로 모든 사람이 이용하는 장소를 되찾았대.

STORY

우리 동네는 우리가 직접 만든다!

이곳은 마크와 동네 주민들이 만든 '모두의 광장'이야. 커다란 그림을 그린 교차점, 길가의 작은 나무상자는 누구든지 자유롭게 책을 빌릴 수 있는 작은 길거리 도서관이지. 어른과 아이가 함께 뭉쳐 아이디어를 짜내서 다함께 손으로 직접 만든 마을이야.

❶ 벌집 모양의 무료 신문 박스
동네 뉴스를 전하는 신문이 들어 있다.

❷ 동네 알림판과 무료 도서관
칠판에 알림을 적거나 동네 이벤트 정보 등을 붙인다.

❸ 아이들의 비밀기지
아이들이 만든 놀이터. 누구든지 놀 수 있는 장난감이 한가득

❹ 초가지붕 벤치와 티 스테이션
차가 들어 있는 보온병과 컵이 놓여 있어서 언제든지 마음껏 차를 마실 수 있다.

❺ 쑥쑥 자라는 벤치
흙으로 만들어진 벤치. 이웃 사람들과의 대화도 신난다!

모두 함께 피자를 굽기도 해!

개구리 모양의 오븐

과일나무

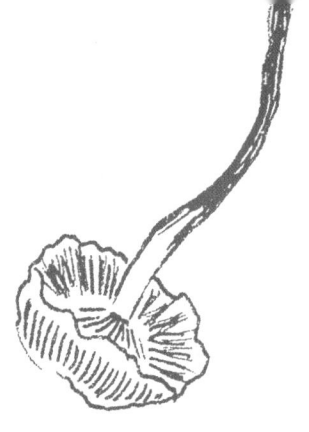

디자인은 어떤 일을 하는 걸까?

나뭇잎을 잘 봐.
굵은 잎맥 하나에서 가는 잎맥이 잎 전체로 퍼져 있어.
이건 우리 몸속을 순환하는 혈관과 비슷하지?
나무뿌리나 강도 똑같은 형태를 띠고 있어.
커다란 에너지를 빨리, 널리, 구석구석까지 골고루 미치게 하기 위해서
오랜 시간을 들여 만들어낸 자연의 디자인

디자인은 뭔가를 '좀 더 좋은 것, 좀 더 좋은 상태'로 만들기 위한 장치라고 할 수 있어.
인간의 몸이나 자연도 이 세상에 존재하는 것은 전부 디자인된 거야.

물건뿐만 아니라 공간이나 인간관계도 디자인할 수 있어.

요리하기 편하게 냉장고를 주방 근처에 놓는 것은 생활 디자인
인사하는 것만으로
서로에 대한 마음이 가까워져서
대화하기 쉬워지는 것은 인간관계 디자인

네 주위에 있는 것을 잘 관찰해 봐.
반드시 다양한 디자인이 숨어 있을 거야.

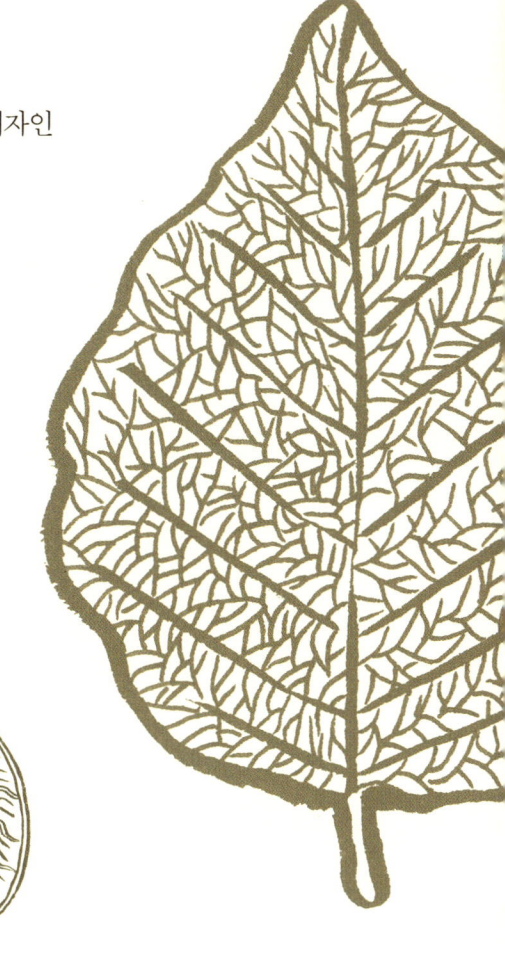

자연의 형태에는 패턴이 있어.
나뭇잎이나 강은 '가지처럼 갈라지는 패턴'.
태풍이나 변기 물은 '빙글빙글 도는 패턴'
자연이 만드는 패턴에는 그 형태를 이루는 이유와 역할이 있는 거야.

냄비에서 나는 김과 하늘에 떠 있는 구름이
비슷한 이유는 뭘까?
겨울철에 운동하면 몸에서 나오는 김도 비슷해.

자연뿐만 아니라 사람의 행동에도 패턴이 있어.
예를 들면 아이스크림 가게 주위에는
설렘으로 즐거워 보이는 사람들이 모이고
아침의 만원 전철에는 지쳐서 좀비처럼 보이는 사람들이 많잖아?

양쪽 다
사람은 많은데 왜
아이스크림 가게 주위에 모인
사람들은 모두 싱글벙글 웃는 걸까?

'이유'와 '의문'을 품고 관찰하면
새로운 발견과 해답도 반드시 알게 될 거야.

자연의 형태를 찾는다
세상은 디자인으로 이루어져 있다

똑같은 것이 하나도 존재하지 않는 자연의 형태에도 사실은 여러 가지 패턴이 숨어 있어. 그건 자연이 오랜 세월 동안 만든 법칙이며 조개껍데기의 나선형이나 나뭇잎의 잎맥이 가지처럼 갈라지는 모양에도 그 형태를 이루는 이유가 있는 거야. 너는 이 패턴에 적합한 형태를 몇 개나 찾을 수 있겠니?

분지 / branching

하나가 도중에 몇 개로 갈라지는 성질

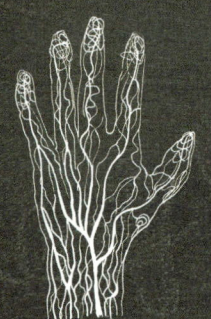

혈관

잎맥

파도 / wave

일정한 간격으로 같은 형태가 반복적으로 나타나는 성질

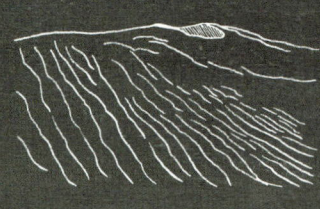

사막의 표면

수면에 이는 물결

왜 이런 형태를 띨까?

몸속의 DNA 세포나 우주의 성운도 나선형이야. 크기도 완전히 다른데 왜 모양이 같을까?

나선 / spiral

커다란 부분이 작은 부분과 똑같은 형태를 반복해서 만드는 소용돌이

프랙털 / fractal

형태의 일부가 전체의 형태와 닮은 성질

달팽이 껍데기

태풍

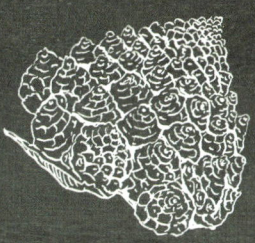
로마네스코

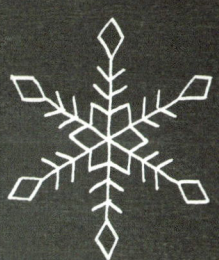
눈 결정

※ 로마네스코 브로콜리 : 콜리플라워와 브로콜리를 교배한 특수채소로 콜리플라워의 일종이다. - 역자 주

실패에서 배우는 것
Problem is the solution

어느 아저씨의 밭에 수많은 민달팽이가 찾아와서 소중한 채소를 먹어버렸어.
채소를 잃은 아저씨가 곤경에 처하자 이웃 사람이 이렇게 말했대.
"당신 밭의 문제는 민달팽이가 아니라 오리가 부족할 뿐이라네."
"오리요?"
잘 생각해 보니 민달팽이는 오리가 매우 좋아하는 먹이였어.
그래! 오리가 민달팽이를 먹어 치우면 밭의 채소를 지킬 수 있겠구나.
또한 날마다 알을 낳으니까 아저씨는 자신의 먹을거리까지 늘어난다는 사실을 깨달았어.
심각한 문제라고 생각했는데 사소한 아이디어로 밭을 지킬 수 있고
오리 알이라는 선물까지 얻었지.

이것 참 대단하지?
인간은 문제에 대해 '괴롭다', '슬프다'라고 생각하기 쉬워.
하지만 그 문제에 멋진 가능성의 씨앗이 숨어 있어.

'해결책 찾기 놀이'를 다 같이 해보면
즐거울 것 같지 않니?

누구나 디자이너가 될 수 있다
Everyone Designs

날마다 입는 옷의 코디나 하루의 시간 사용법.
이것저것 골라서 조합하는 것도 디자인의 하나야.
네 일상은 디자인으로 이루어져 있어. 즉 너는 네 자신의 디자이너라고 할 수 있지.

좋은 디자인은 서로의 장점을 살려서 이익이 되는 것을 계속 만들어내.
먼저 네 가족이나 친구와 함께 한 디자인을 생각해 봐.
어떻게 하면 모두의 좋은 부분을 끌어내서 서로가 즐겁고 행복하게 생활할 수 있을까?
자, 디자이너로서 너의 실력을 발휘해 보자!

디자이너가 된다는 것은 자신의 인생은 자신의 것이니 네 나름의 답을 찾는 것이기도 해.
실패해도 신경 쓰지 마. 실패 속에 답의 힌트가 잔뜩 있어.
많은 실험을 통해서 자신의 존재와 행동의 디자이너가 되도록 하자.

어디에 있을까?

1 버섯이 자라는 곳

버섯은 식물이 아니라 균류의 친구야. 눈에 보이는 갓 부분은 몸의 일부고 흙 속의 모든 곳에 팡이실이라고 불리는 세포 뿌리를 펼쳐서 이어져 있지. 그렇기에 사실 매우 커다란 하나의 생명체라고 할 수 있어.

왜 그런 장소에서 자랄까?

버섯에는 왜 갓이 있을까?

2 나비가 날아다니는 곳

나비는 정해진 길(나비길)을 날아다니는 경우가 있다고 해. 빛이나 온도, 시간대, 좋아하는 식물이 있는 장소, 나비의 종류에 따라서도 코스가 다양하지. 나비를 탐색하면 나비길을 알 수도 있을 걸……?

어느 꽃을 좋아할까?

어떻게 꽃을 구분할까?

3 사람의 마음이 즐거워지거나 어두워지는 곳

그곳에는 왜 사람이 모일까?

사람의 마음이 즐거워지는 거리를 만들고 싶은 사람은

P62~65
'시티 리페어 이야기'로

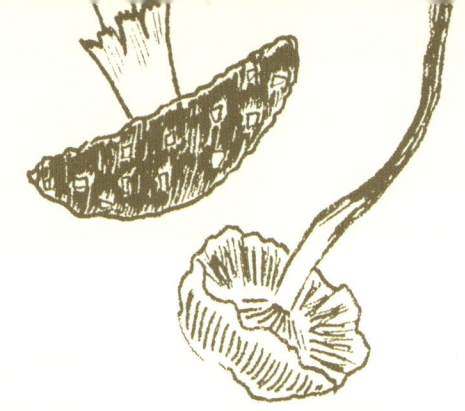

돈을 쓰지 않고 살 수 있을까?

돈이란 무엇인가?
what is money?

어른들 세계에서는 살아가려면
돈이 무조건 있어야 한다는 식으로 말해.
하지만 지구에서 생활하는 생물 중에서 돈을 쓰며 사는 것은
인간밖에 없잖아?
인간 외에는 모두 날마다 공짜로 살고 있어.
어떻게 그게 가능할까?

처음에는 인간도 돈이 없이 생활해왔어.
그런데 어느 날 돈을 발명한 후로는 편리하니까
계속 사용하고 있지.

그럼 여기서 너에게 질문!
인간은 돈이 없으면 살 수 없을까?
예를 들면 햇빛, 숲이나 바다의 플랑크톤이 만드는
산소, 하늘에서 내리는 비.
흙이 키우는 맛있는 먹을거리,
아름다운 새의 지저귀는 소리…….
어때?
살기 위해서 정말로 필요한 것은
돈으로 바꿀 수 없는 게 더 많지 않니?

전부 지구가 공짜로 선물해주는 것을
좀 더 활용할 수 있는 방법이 없을까?

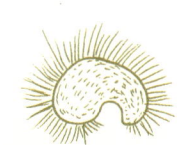

교환에서 서로 주기로
From Exchange to Gifting

우주에서 태양광이 쏟아지고 나무들은 그 에너지를 양분으로 삼아 숲을 이루어.
또 숲은 비를 내리게 하고 산소를 만들며 생물의 먹이를 키우지.
우리는 이런 수많은 혜택을 누리며 축하해왔어.

자신이 자연스럽게 하는 일이 사실은 누군가의 행복이 되어 기쁨의 연쇄 작용이
사방에서 일어나 점점 더 풍요로운 세상이 펼쳐져.
돈을 쓰지 않는 자연의 세계에서 일어나는 일은 이렇게 '서로 주는' 행위야.
서로 다투고 빼앗는 것과는 정반대지?

'서로 주기'의 세계로 가기 위한 첫걸음은 '감사하기'야.
온갖 혜택 덕분에 자신이 살고 있다는 것.
당연하게 내리쬐는 햇빛을 받으며 숨을 쉬는 것은 매우 신비롭고
그 무엇과도 바꿀 수 없는 행위야.

WORK SHEET

감사의 마법

감사하는 습관을 들인다

다정한 가족, 늘 함께 노는 친구.
이 세상에 당연한 일은 하나도 없어.
너는 곁에 있는 사람을 소중히 대하고 있니?

"The Sun Never Says"

태양은 말하지 않는다

아주 오랜 세월 동안 태양은 지구에 계속 빛을 비추고 있어요.
그리고 단 한 번도 '내 덕택인 줄 알아'라고 하지 않았죠.

그런 애정이 있으면 어떻게 될까요? 잘 보세요.
이 넓은 하늘 전체를 비출 수 있답니다.

하피즈(Hafiz) 시집 《기프트(gift)》

번역 : 오노데라 아이

감사 일기

하루 중 '감사'를 느낀 일을 21일 동안 적어서 모아 봐. 21일 동안 계속하면
감사하는 일이 일상이 될 거야. 자신에 대한 '감사'도 잊지 마.

DAY 0   맛있는 밥을 만들어주셔서 고맙습니다.
DAY 1
DAY 2
DAY 3
DAY 4
DAY 5
DAY 6
DAY 7
DAY 8
DAY 9
DAY 10
DAY 11
DAY 12
DAY 13
DAY 14
DAY 15
DAY 16
DAY 17
DAY 18
DAY 19
DAY 20
DAY 21

소여 모험대장이 전하는
도전 미션

WORK SHEET

친절한 장난

친절함으로 세상을 바꿔 본다

> **얼마 전에 밭 근처를 걷다가….**
>
> 모르는 사람이 "오늘은 내 생일이에요. 축하를 많이 받아서 정말 기쁜 날이니 당신에게도 답례할게요."라며 자신이 키운 채소를 나눠줬어요. '스마일 카드'랑 함께 주더라니까요? 조금 놀랐지만 매우 기분 좋았어요. 나도 이 답례를 누군가에게 이어주고 싶어요.

스마일 카드가 뭐예요?

모르는 사람이 너한테 친절하게 대해주거나 기쁘게 해주면 어떤 기분이 드니? '스마일 카드'는 누군가에게서 받은 친절을 다음의 누군가에게 이어주는 카드야. 사소한 일이라도 상관없어. 누군가에게 몰래 '친절한 장난'을 쳐 보지 않을래? 친절 릴레이의 톱타자는 바로 너야!

직접 해보자

1 ··· 누군가에게 몰래 친절한 행동을 해서 '스마일 카드'를 곁에 놓는다.
2 ··· 받은 사람은 답례로 스마일 카드와 함께 다른 누군가에게 몰래 친절한 행동을 한다.
3 ··· 네가 경험한 기분 좋은 이야기는 점점 더 퍼뜨리자.
4 ··· 작은 친절이 계속 이어져서 친절한 세상이 늘어날 것이다.

너만의 스마일 카드를 만들어 보자

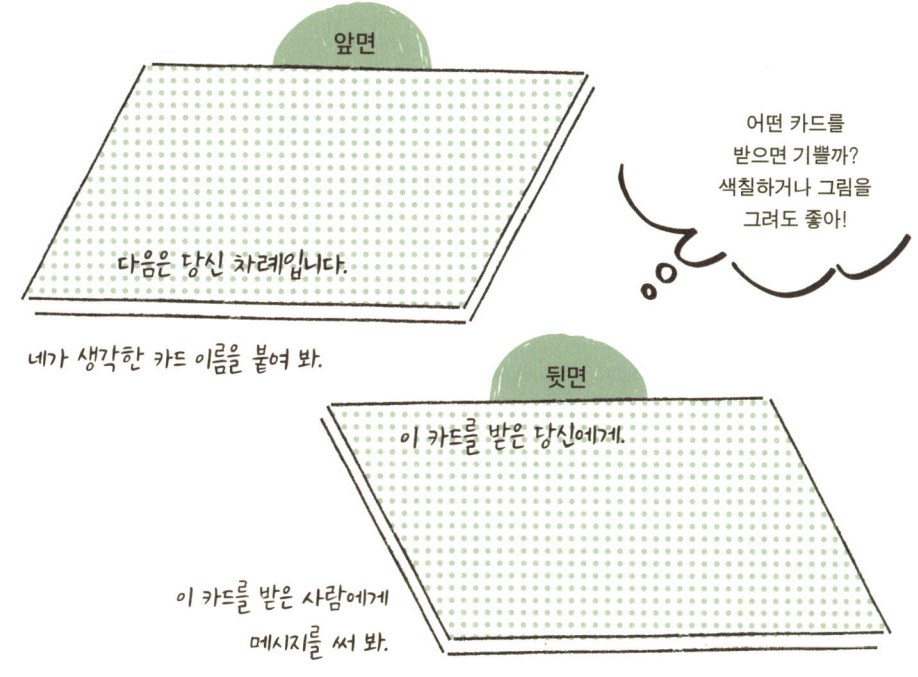

너의 '친절한 장난'을 알려줘!

너의 '친절한 장난'이나 네가 경험한 친절한 이야기가 누군가를 행복하게 할 수 있을지도 몰라. 네가 일으킨 작은 변화가 커다란 세계를 바꾸는 계기가 될 수 있어. 그러니 우리에게도 그 이야기를 해줄래? 너의 친절함과 용기 있는 장난을 많은 사람들에게 알리도록 하자!

돈을 쓰지 않고 살아간다
Living without money

수돗물이나 전기는 돈으로 '사는' 것이 당연해졌지만
하늘에서 내리는 비를 모으면
수돗물을 대신할 수 있어.
또 맑은 날 태양광을 모으면 태양열 오븐으로 요리할 수도 있지.
수돗물과 전기를 돈을 내고 사는 이유는 무엇일까?

확실히 언제든지 수도나 전기를 쓸 수 있으면 편리해.
하지만 그렇게 하려면 네 자유 시간을 팔아서 일해야 해.
그렇다면 돈을 쓰지 않고 지구가 공짜로 주는 것을 찾아서
모으는 모험을 하는 게 훨씬 가슴 설레지 않겠어?

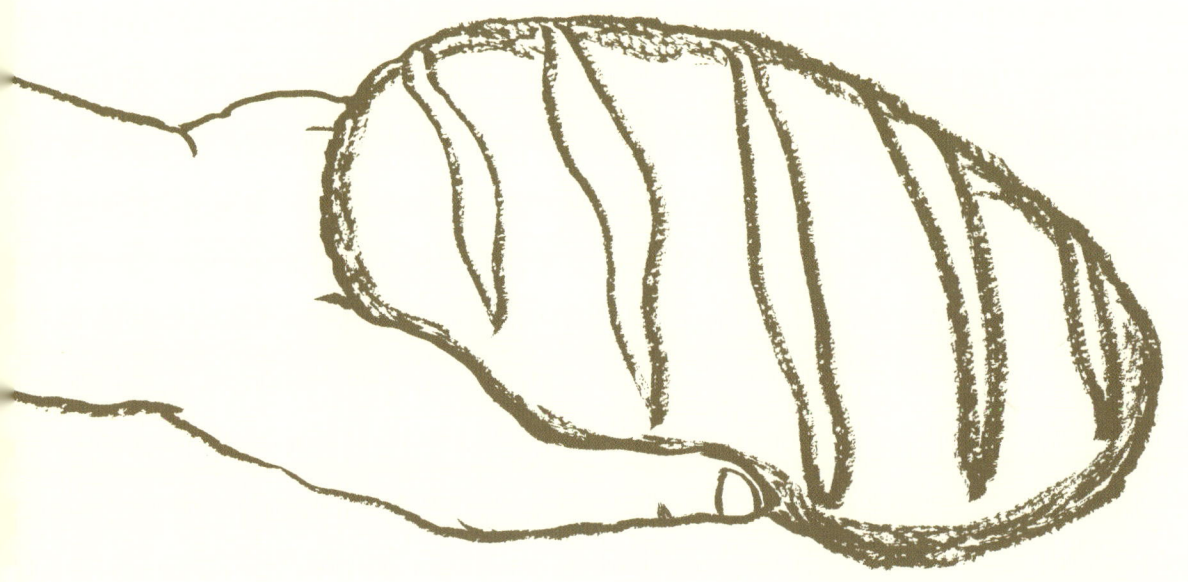

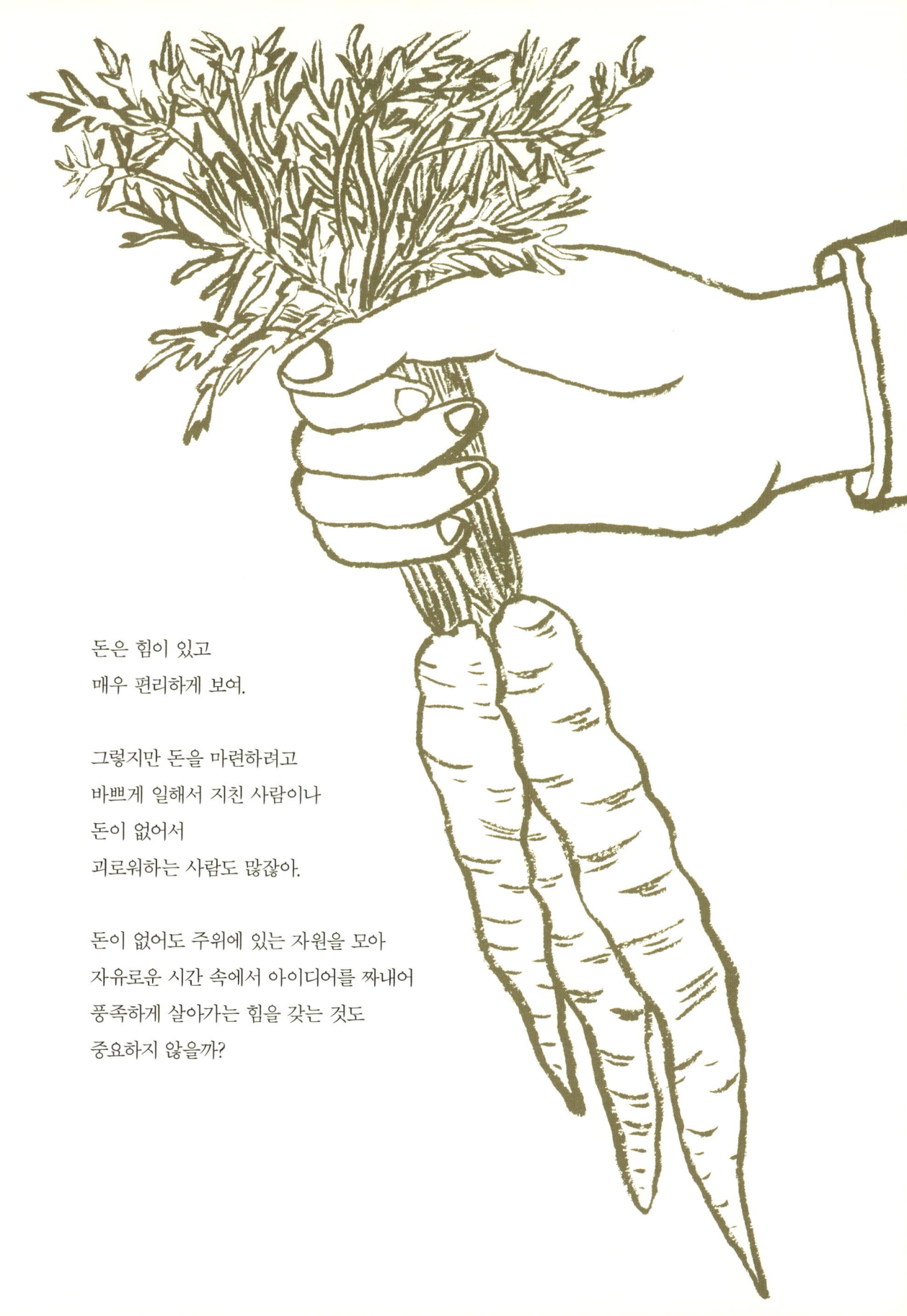

돈은 힘이 있고
매우 편리하게 보여.

그렇지만 돈을 마련하려고
바쁘게 일해서 지친 사람이나
돈이 없어서
괴로워하는 사람도 많잖아.

돈이 없어도 주위에 있는 자원을 모아
자유로운 시간 속에서 아이디어를 짜내어
풍족하게 살아가는 힘을 갖는 것도
중요하지 않을까?

WORK SHEET

각자 '할 수 있는 일'을 한데 모은다

모두의 재능을 모으면 뭐든지 할 수 있다!

네가 이런 일을 하고 싶다, 할 수 있으면 좋겠다고 생각한 일은 네 주위의 누군가가 할 수 있을지도 몰라. 이와 마찬가지로 누군가가 하고 싶어 하는 일을 네가 할 수 있는 경우도 있어. 예를 들어 네가 악기를 연주할 수 있다면 그림을 잘 그리는 친구가 연주회 포스터를 만들어줄 수도 있지. 춤을 잘 추는 친구가 오면 더욱더 신이 날 거야! 돈은 쓰면 없어지지만 '할 수 있는 일'은 아무리 사용해도 사라지지 않는 매우 멋진 재산이야. 이 페이지에 너와 주위 사람의 '하고 싶은 일'과 '할 수 있는 일'을 적어서 서로가 '할 수 있는 일'을 한데 모아 보자!

할 수 있는 일

춤을 출 수 있다

그림을 그릴 수 있다

> 물건뿐만 아니라 너의 생각이나 기분도 누군가와 서로 나눌 수 있으면 좋을 거야.

숨겨진 자원이나 재능을 찾아내라!
커뮤니티 애셋 매핑(Community asset mapping)

자신이 살고 있는 지역(커뮤니티)의 특징을 자원(애셋)으로 삼아 지도나 일러스트, 도표 등으로 눈에 보이는 형태(매핑)를 만드는 방법. 커뮤니티에 속한 사람들의 특기 분야나 네트워크, 시설 및 단체, 자연환경 등 전체상을 도표화해서 커뮤니티의 힘을 최대한으로 활용할 수 있다.

하고 싶어 하는 일

피아노 콘서트를 열고 싶다

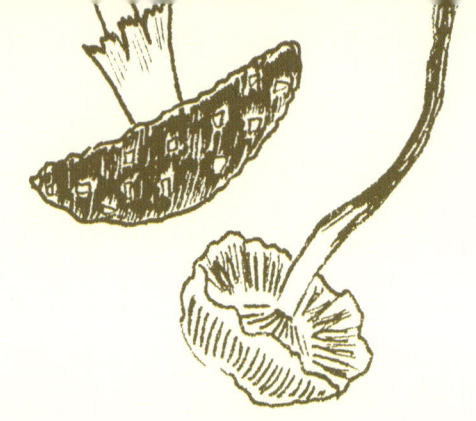

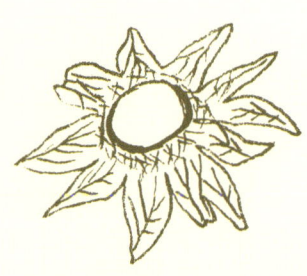

마음은 어디에서 찾아올까?

멈춰 서기

stop

멈춰 서서 느끼다
Stop and Feel

숨을 쉬는 것은 우리가 살아 있다는 증거야.
바다나 숲에 사는 생물이 만들어준 산소가 몸속을 순환한 뒤
밖으로 나가서 또 다른 생물의 영양분이 돼.
우리는 그 생명의 순환 속에서 살고 있어.

그것을 천천히 느끼는 시간을 만드는 것이
마음의 뿌리를 깊이 넓혀가는 것일지도 몰라.

네 마음도 똑같아.
웃거나 슬퍼하거나 화내거나 흥분하는 등
여러 가지 기분이 몸속을 지나가지만
그런 기분을 일일이 좋고 나쁨으로 단정하지 말고
'그게 솔직한 내 기분이야'라고 그냥 느껴야 해.

화내거나 슬퍼하는 것도
나쁜 일이 아니야.
그건 그저 그곳에
매우 중요한 뭔가가 있다는 말이니까.

지금 이 순간을 산다
Be Here Now

우리는 '지금' 이 순간을 살고 있어.

나이를 먹으면 이 감각이
점점 둔해져서 과거나 미래에 계속 흡수되어
눈앞에 있는 세계가 보이지 않게 돼.

따라서 지금을 최대한 사는 감각을 잊지 말고
그 감각을 계속 믿었으면 좋겠어.

마음이 들뜨면 일단 멈춰 서 봐.
초조해하지 말고 가슴에 손을 대며 천천히 숨을 들이마셔.
그리고 지금 가장 중요하게 하고 싶은 일을 생각해내는 거야.

숨 쉬기와 미소 짓기만은 잊지 마.
숨 쉬기는 지금 이 순간으로 돌아와 사는 것.
미소 짓기는 마음의 정원에 키우고 싶은 꽃이나
맛있는 과일을 심어서 물을 주는 것.

나머지는 살아 있는 것만으로 충분해. 지금 살아 있는 것을 축하하자!

WORK SHEET

마음 훈련

마음을 몸에 되돌리는 명상

'숨 쉴 식(息)'이라는 한자는 '자신(自)의 마음(心)'이라고 쓰듯이
숨 쉬는 자신의 마음과 몸을 하나로 만들지.
몸이라는 집에 언제든지 마음이 돌아갈 수 있도록 '지금'과 연결하는 연습을 해 보자.

걷기명상

발바닥으로 지구를 느껴 본다. 지구에게 하이파이브하듯이…….
한 걸음, 한 걸음, 천천히. 작은 돌, 땅바닥에 간 금, 따뜻한 흙,
부드러운 풀. 피부로 느끼는 지구의 온도.

새의 지저귐 명상

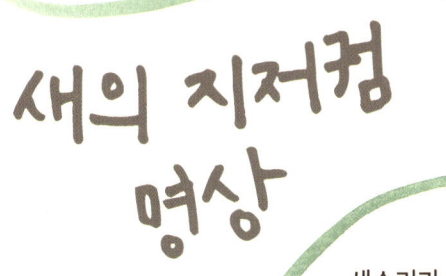

새소리가 들리면 멈춰 서서
귀를 기울여 봐.
명상 시간 시작이야.

아이스크림 명상

한 입, 한 입 확실하게 맛을 음미해.
입속에서 어떤 식으로 달콤함과 차가움이
퍼져나갈까……?

마인드풀니스(mind fullness)가 뭐에요?

몸과 마음을 하나로 만드는 명상. 숨 쉬기를 의식하며 뭔가에 집중해서 '지금, 이 순간'과 자신을 연결하는 거야. 일인자인 베트남의 승려 틱낫한(Thich Nhat Hanh)은 앉은 자세의 명상뿐만 아니라 먹기 명상, 노래하기 명상, 무슨 일을 해도 자신과 연결하는 연습이 된다고 알려줬어.

마인드풀니스 컬러링

그저 색칠하기에만 마음을 집중해 봐.

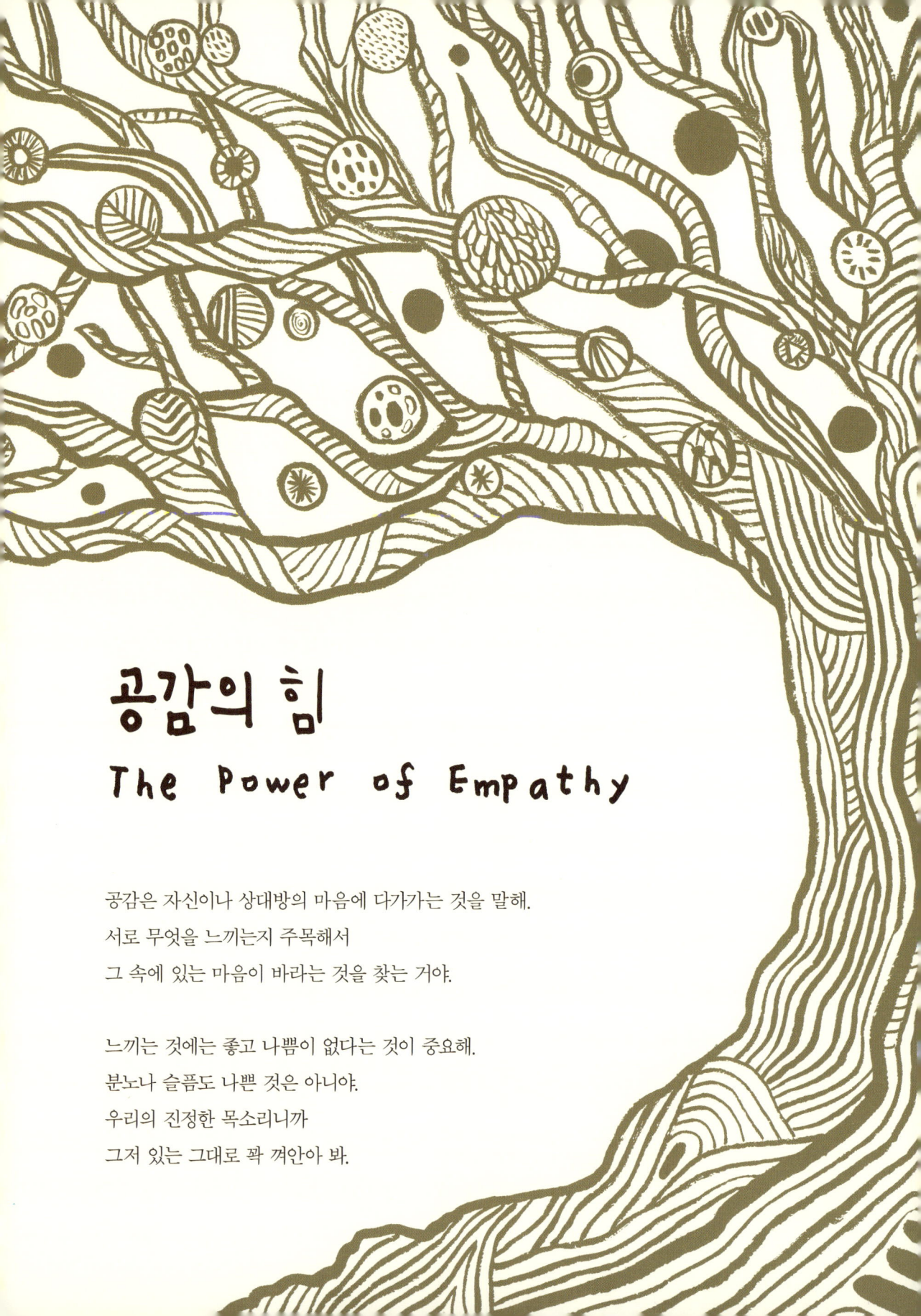

공감의 힘
The Power of Empathy

공감은 자신이나 상대방의 마음에 다가가는 것을 말해.
서로 무엇을 느끼는지 주목해서
그 속에 있는 마음이 바라는 것을 찾는 거야.

느끼는 것에는 좋고 나쁨이 없다는 것이 중요해.
분노나 슬픔도 나쁜 것은 아니야.
우리의 진정한 목소리니까
그저 있는 그대로 꽉 껴안아 봐.

상대방이 기뻐하면 매우 좋지만
화내더라도 '화가 났구나', '슬프구나'라며 함께 있어 줘.
그리고 자신과 상대방이 '무엇을 느끼고 있을까?'
호기심을 가져 봐.
그런 식으로 어떤 감정이든 소중히 해주는 거야.

너도 친구와 싸우거나 가족에게 혼난 적이 있지?
그때 친구나 엄마는
어떤 기분으로 그 말을 했을까?
또 그 속에 있는 마음의 목소리는?
차분하게 천천히 생각해 봐.

WORK SHEET

생명의 말로 이어진다

공감 커뮤니케이션으로 마음의 목소리를 듣는다

'내 진심은 싸우고 싶지 않았는데 나도 모르게 심한 말을 내뱉고 말았다', '알아주기 바라지만 알아주지 않는다'. 사실은 배려심이 있는데 자신도 모르게 심술궂게 굴 때 무의식중에 상대방을 '나쁘다', '틀렸다'고 단정하거나 자신의 마음속 감정을 알 수 없게 되는 경우가 있다. 그럴 때는 먼저 자신의 기분과 이어진 뒤 상대방의 마음에 다가가 보자. 자신과 이어져서 솔직하게 기분을 전할 수 있으면 친절한 관계를 맺을 수 있다.

외톨이가 되는 삶	친구가 늘어나는 삶

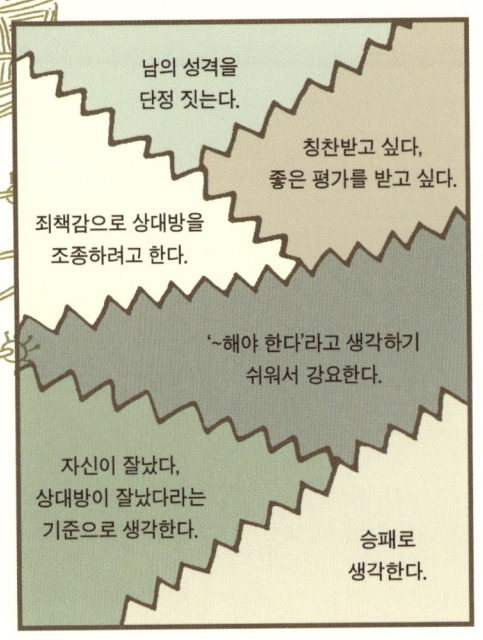

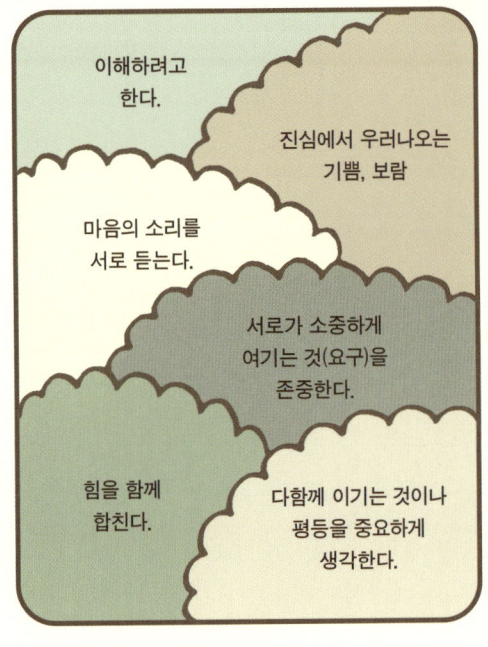

> 요구 카드로 자신의 마음속에 있는 요구를 발견하자

감정은 마음속에 있는 요구에서 솟아나. 하지만 자신의 요구를 깨닫지 못할 때도 많아. 요구 카드는 '그때 사실은 이렇게 말하고 싶었다, 이렇게 하기 바랐다'라는 자신과 상대방의 요구를 발견할 수 있는 게임이야.

요구 카드로 요구와 연결하자

1. … 카드를 늘어놓고 말할 사람 한 명을 정해서 최근의 고민거리 등을 말한다.
2. … (듣기) 듣는 사람은 그 사람의 '요구'를 상상해 본다.
3. … (듣기) 말이 끝나면 듣는 사람은 그 사람의 요구라고 생각하는 카드를 골라서 건네며 '이 요구를 소중히 하고 싶었어?'라고 묻는다.
4. … (말하기) 남은 카드 중에 이것도 해당된다고 느끼는 카드가 있으면 직접 고른다.
5. … (말하기) 모인 카드 중에서 자신에게 소중한 카드 세 장을 골라 천천히 음미한다. 그것이 자신의 마음에 공감하는 것이다.

3~4인이 모여서 하자!

※ 요구 … 자신이 필요로 하는 것, 소중히 하고 싶은 것

- 휴식 / rest
- 즐거움 / fun
- 들어주기 / to be heard
- 감사 / appreciation
- 소중히 하는 것, 소중히 여겨지는 것 / to matter
- 학습 / learning
- 누군가의 힘이 되는 것 / contribution
- 안심, 안전 / security
- 자유 / freedom
- 평등 / equality
- 받아들이는 것, 받아들여지는 것 / acceptance

너희가 있으면 좋을 것 같은 요구 카드도 만들어 봐.

※ 요구의 종류는 100개 이상

'무(無)'적이 된다
No Enemy

'무적'이라는 말은
자신의 머릿속에 적이 사라지는 것을 의미해.
자신이 강해져서
모든 적을 물리치는 것과는 달라.

우리는 이해하지 못하거나
두려우면 상대방을
적이라고 생각해.

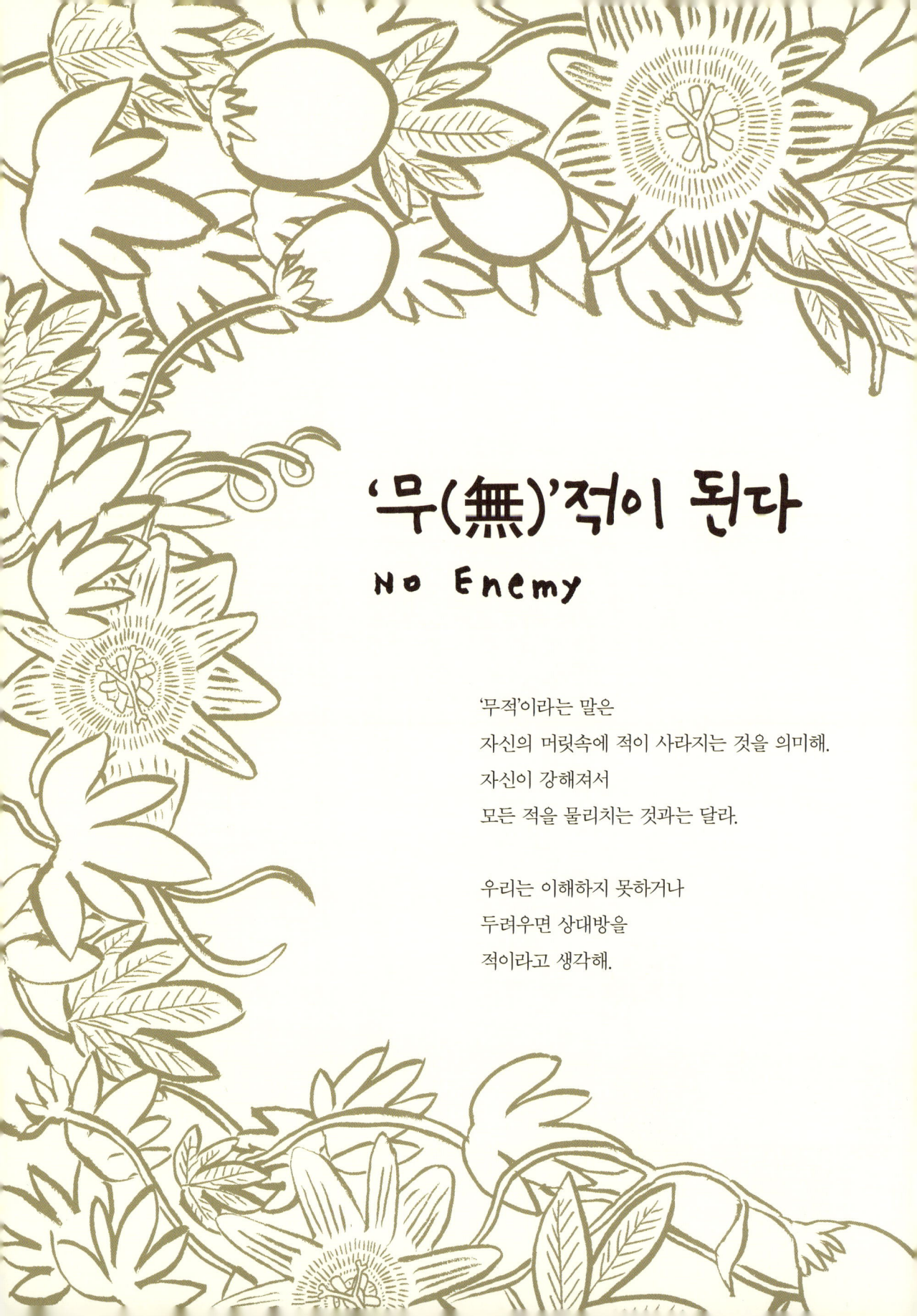

사고방식이 다른 사람, 다른 나라에서 온 사람,
싫어하는 벌레나 동물, 잡초라는 이름의 식물까지
적으로 보고 때로는 죽이려고 하지.

그럴 때는 일단 멈춰 서서
상대방의 마음에 다가가 봐.
적은 자신의 머릿속에만 존재해.

따라서 '어떤 생명이든 죽을힘을 다해 살고 있다'라고
생각할 수 있으면 어느 순간 적이 저절로 사라져서
배려와 평화의 세계가 펼쳐질 거야.

'무(無)'적의 세계를 키우기 위해서
우리는 어떤 일을 할 수 있을까?

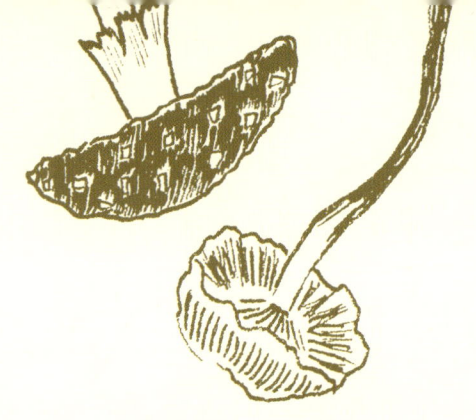

우리와 지구는 함께 지낼 수 있을까?

세븐 제너레이션
Seven Generations

어느 미국 선주민에게는 '세븐 제너레이션'이라고 불리는 다음과 같은 가르침이 있어.
'어떤 일이든지 후손 7세대의 아이들까지 생각해서 살자.'

우리는 선조에게서 지금의 지구를 '물려받은' 것이 아니라
미래의 아이들에게 '빌렸으니' 빌린 것은
더 좋은 형태로 돌려주자는 뜻이야.

따라서 지금 네가 씨앗을 심고 언젠가 큰 나무로 자라서
맛있는 열매를 맺으면 우리는 그 열매를 먹지 못하더라도
미래에 태어날 아이들의 삶은 풍족해지지.
그런 식으로 우리를 위해서가 아니라 지금과 미래의 모든 생명을 위해서
할 수 있는 일을 생각하면 반드시 아름다운 세계가 펼쳐질 거야.

전통을 되찾는다
Remembering Tradition

전통은 지금까지 살아온
사람들과 우리를
연결해주는 존재야.

각자의 시대에 생겨난 생활의
지혜와 아이디어.
그것이 먼 옛날 사람에게서
전해져 지금을 사는
우리의 삶 속에서도
계속 살아 숨 쉬고 있어.

직접 키운 콩과 매실로 된장과
매실장아찌를 만들거나
풍토에 맞춘 집짓기.
그 토지에 예로부터 전해지는 축제.
달의 움직임에서 탄생한 달력은
자연 변화에 맞춰서 만들어졌기에
월별로 씨뿌리기와 모종 심기 및
수확 시기를 알려주지.

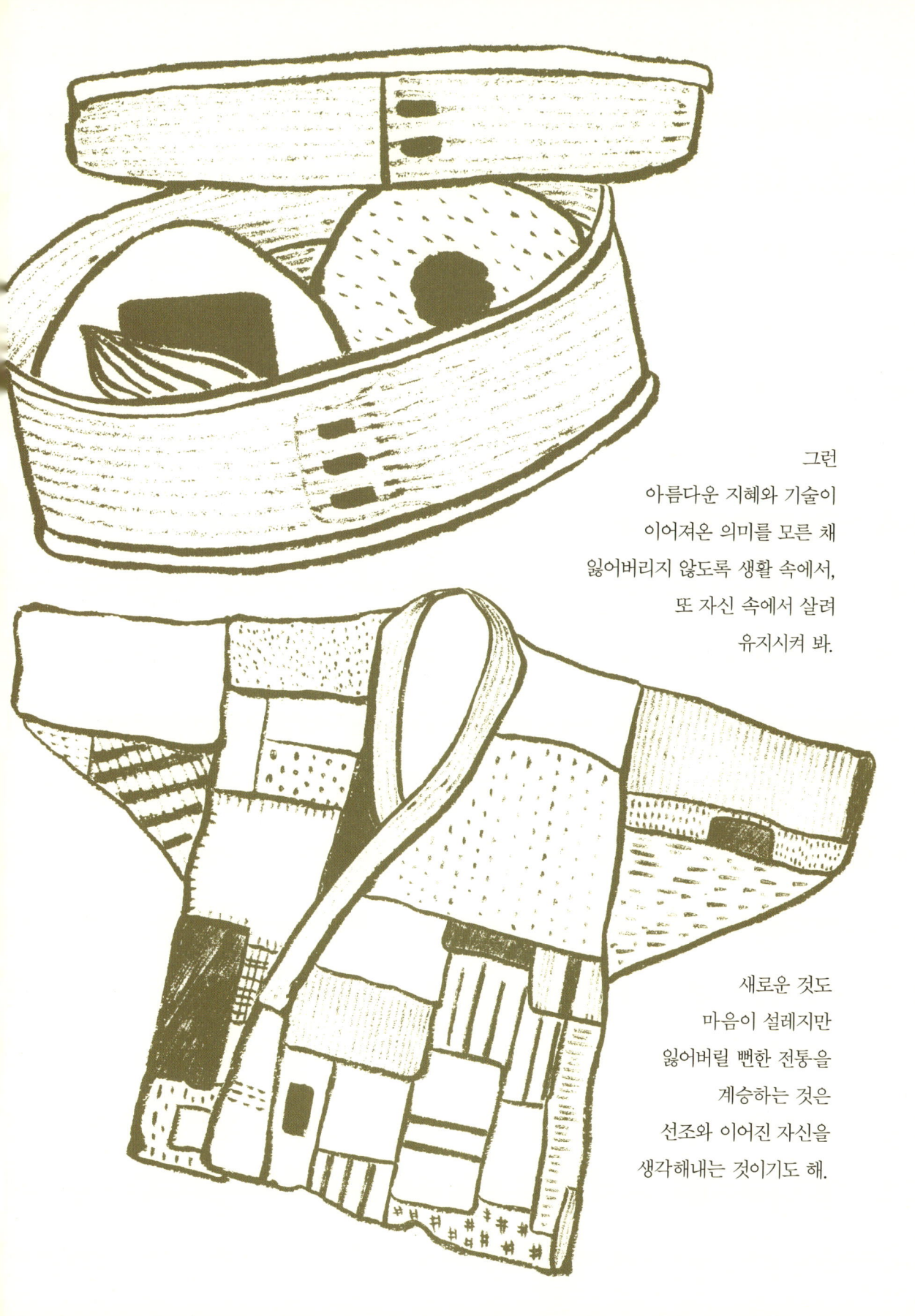

그런
아름다운 지혜와 기술이
이어져온 의미를 모른 채
잃어버리지 않도록 생활 속에서,
또 자신 속에서 살려
유지시켜 봐.

새로운 것도
마음이 설레지만
잃어버릴 뻔한 전통을
계승하는 것은
선조와 이어진 자신을
생각해내는 것이기도 해.

전기와 가스가 전혀 없었던 옛날의 생활의 지혜

지속 가능한 삶을 배운다

전기와 가스가 전혀 없었던 먼 과거에는 아침 일찍 일어나 활동하고 해가 지면 잠자리에 드는 해님과 함께 하는 생활. 지금보다 훨씬 여유가 있었어. 또 물건을 소중히 사용해서 마지막에는 흙으로 되돌려 비료로 사용했지. 쓸데없는 물건은 하나도 없었어. 커뮤니티의 유대가 강한 공동주택에서는 모든 사람이 서로 도와가며 생활했어. 그런 퍼머컬처의 본보기가 가득한 선조들의 생활을 살펴보자.

음식 食 버릴 것은 하나도 없다!

짚신과 우산 — 못쓰게 되면 태워서 재로 만든다

재 — 밭의 비료, 녹여서 세제

벼를 키운다

대변은 비료

먹는다

짚

왕겨 — 밭의 비료, 베갯속 재료

겨 — 겨 절임, 가축 사료

―――――― 옷 衣 식물에서 탄생하여 식물로 돌아간다 ――――――

비료 ← 목화 → 면사(무명실) → 옷감 → 옷 → 속옷, 기저귀, 걸레 → 필요 없어지면 태워서 재로 만든다

―――――― 주거 住 서로 도와가며 즐겁게 생활한다 ――――――

공동주택
얇은 벽은 목소리가 다 들려서 방범 효과가 있다

변소
비료로 밭에 뿌리거나 농가에 판다

재를 사는 사람
아궁이의 재를 사 모아서 비료로 파는 업자

화재, 빨래 등 모두가 사용하는 우물은 밖에 있다. '우물가의 숙덕공론'으로 잡담을 주고받으며 이웃과 교제

우물

빨래

퇴비통

쓰레기를 만들지 않는 생활
zero waste

자연에는 쓰레기가 없어.
쓰레기는 인간이 발명했고 계속 늘리는 것도 인간뿐이지.

'큰일이야!'라고 말들 하지만 그래도 쓰레기는 늘고 있어.
플라스틱이나 전자기기, 방사성 물질.
'이건 심각한 문제야!'라고 하면서도 미래의 아이들에게 넘겨주고 있어.
왜 그렇게 된 걸까?
어떻게 하면 다른 생물처럼 쓰레기를
만들지 않는 생활을 할 수 있을까?

옛날 사람들은 쓰레기가
거의 나오지 않는 생활을 했어.
먼 과거에는 쓰레기조차 없었고.
쓰레기가 없는 시대를 만들려면 어떻게 해야 할까?

WORK SHEET

쓰레기 제로에 도전하자!

생활에서 나오는 쓰레기양을 재확인한다

자, 게임을 해보자! 일주일 동안 얼마나 쓰레기를 만들지 않고 생활할 수 있을까? 애초에 쓰레기가 되는 것을 받지 않거나 수리하거나 좀 더 멋진 물건으로 만들어 바꾸는 등 발상력에 따라 쓰레기는 자원이 될 거야.

필요한 물건

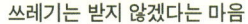

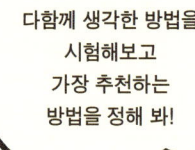

쓰레기는 받지 않겠다는 마음   발상력

다함께 생각한 방법을 시험해보고 가장 추천하는 방법을 정해 봐!

 힌트   오늘 하루 자신이 만들어낸 쓰레기를 배낭에 채워서 생활하면 어떻게 될까……?

뉴욕에서 1년 동안 '쓰레기를 만들지 않는 생활'에 도전한 가족 이야기

많은 사람들이 살고 있는 대도시 뉴욕. 그곳에서 생활하는 어느 아버지는 지금까지의 생활에 의문을 느껴서 가족과 함께 1년 동안 '쓰레기를 만들지 않는다', '자동차를 타지 않는다', '텔레비전을 보지 않는다', '전기를 사용하지 않는다', '새 물건을 사지 않는다'라는 생활을 했어. 이걸 다 실천하기는 어렵지만 너도 할 수 있는 일부터 시작해 보지 않을래?

일주일 쓰레기 NO! 게임

1 비닐봉투로부터 도망친다

축소
쓸데없는 쓰레기양을 최대한 줄인다

2 원하는 사람을 찾는다

재사용
버리는 대신에 다음 주인을 찾는다

3 다시 태어나게 한다

업사이클
쓸모없어진 물건을 소재로 삼아 재이용해서 디자인이나 가공 기술로 더욱 멋진 물건으로 바꿔 만든다

4 지구에게 되돌려준다

지구에게 되돌려준다고? 좀 더 자세히 알고 싶은 사람은

P18~19
'생명의 변신'으로

에너지는 물건을 움직이기 위해서 필요한 힘이야.
우리 몸의 에너지도
음식에서 얻고 있지.

태양, 바람의 힘, 물의 흐름, 우리의 손.
에너지는 언제든지 우리 주위에 존재해.
네 눈에 에너지가 보여서 마술사처럼
자유롭게 사용할 수 있다면
어디에서나 생활할 수 있고 어떻게든 될 거야.
살아가는 힘은 네 머릿속과 손끝에 있어.

주위의 에너지가 눈에 보이면 다음에는
에너지가 탄생하는 장소도 만들 수 있게 될지 몰라.
네가 하는 말이나 고조된 용기와 마음이 에너지가 되어
주위 사람들의 마음을 움직일 거야.
그런 장치를 함께 잔뜩 만들자.
예상하지 못한 즐거운 일이 반드시 일어나기 시작할 거야.

자연 에너지 조견표

지구의 콘센트를 찾자

에너지란 뭔가를 움직이거나 변화시키는 힘과 그 양을 의미해. 우리 주위에는 자연이 준 에너지로 넘쳐나. 에너지의 성질을 이해하면 마치 지구를 콘센트처럼 마음대로 사용할 수 있을 거야.

말 `특별`
예부터 말에는 '영혼'이 깃들어 있다고 해. 네 목소리는 분명히 주위 사람들을 불러들여서 누군가를 기쁘게 하거나 격려하는 등 뭔가를 바꾸는 힘이 될 거야.

태양 `빛` `열`
태양은 지구의 생명의 원천이야. 햇빛과 그것이 가져오는 열은 비와 바람을 만들어내서 물과 대기를 순환시키고 식물을 키우며 생물의 몸을 따뜻하게 해주지. 또한 지구를 밝게 비춰서 '낮'이라는 시간을 줘.

폭포 `위치` `운동`
수력발전은 물이 높은 곳에서 낮은 곳으로 흐르는 힘으로 모터를 돌려서 발전해.

설렘, 흥분 `특별`
누구에게나 있고 어디에나 가지고 갈 수 있는 에너지야. 아무리 큰 도전도 일단 네 가슴이 설레고 두근거려야 시작할 수 있어!

`열에너지`	사물을 따뜻하게 하는 힘	`빛에너지`	주위를 밝히는 힘. 햇빛에는 식물의 광합성으로 녹말과 산소를 만드는 힘도 있다.
`운동에너지`	사물이 움직이는 힘	`위치에너지`	높은 곳에 있는 사물이 중력으로 낙하할 때 충격을 만들어내는 힘

자연과 함께 한다
Be Nature

우리는 잊어버렸지만 인간과 자연은
다른 존재가 아니라 우리는 자연의 일부야.
그래서 자연을 망치는 것은
자기 몸을 망치는 것처럼
우리를 괴롭히지.

우리도 자연 속에 사는 동물이라고 생각하는 것이 중요해.
우리가 인간을 지탱해주는 자연의 도움이 된다면
세상은 더욱 아름다워질 거야.
이 지구라는 셰어하우스 속에서
다양한 생물과 함께 계속 즐겁게 생활하자.

그러기 위해서 우리는 무엇을 할 수 있을까?

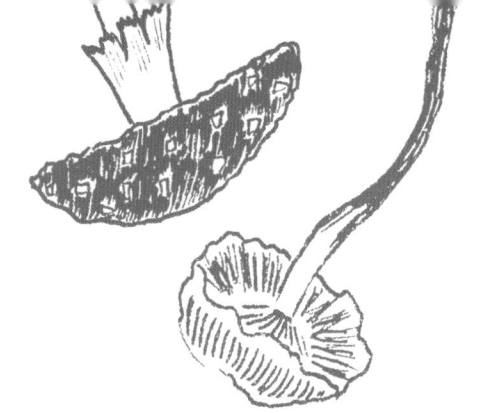

나만의 삶이란 무엇일까?

지금 어른들의 최선을 뛰어넘는 것이 너희 세대야.
그건 반드시 어른들과 똑같은 방향으로
나아가면 된다는 말이 아니야.
어른들이 해결하지 못한 일에
다른 형태로 도전해 보기 바라.

예를 들면 어른이 '바쁘다'고 고민할 경우
바쁘지 않은 삶을 찾고,
'돈이 없다'고 괴로워하면 돈이 없어도
풍족하게 살 수 있는 방법을 찾는 거야.
어른들이 못한 일을 할 수 있게 되는 것이
뛰어넘는다는 것을 의미해.

그러니까 어른들이나 누군가가 '못해'라고 해도
거기서 포기하지 말고 먼저 자신이 확인해 보는 게 중요해.
단순히 그 사람이 못한 것뿐일 수도 있잖아?
그렇게 해서 '불가능'을 '가능'으로 바꿀 수 있는 사람이 되자!

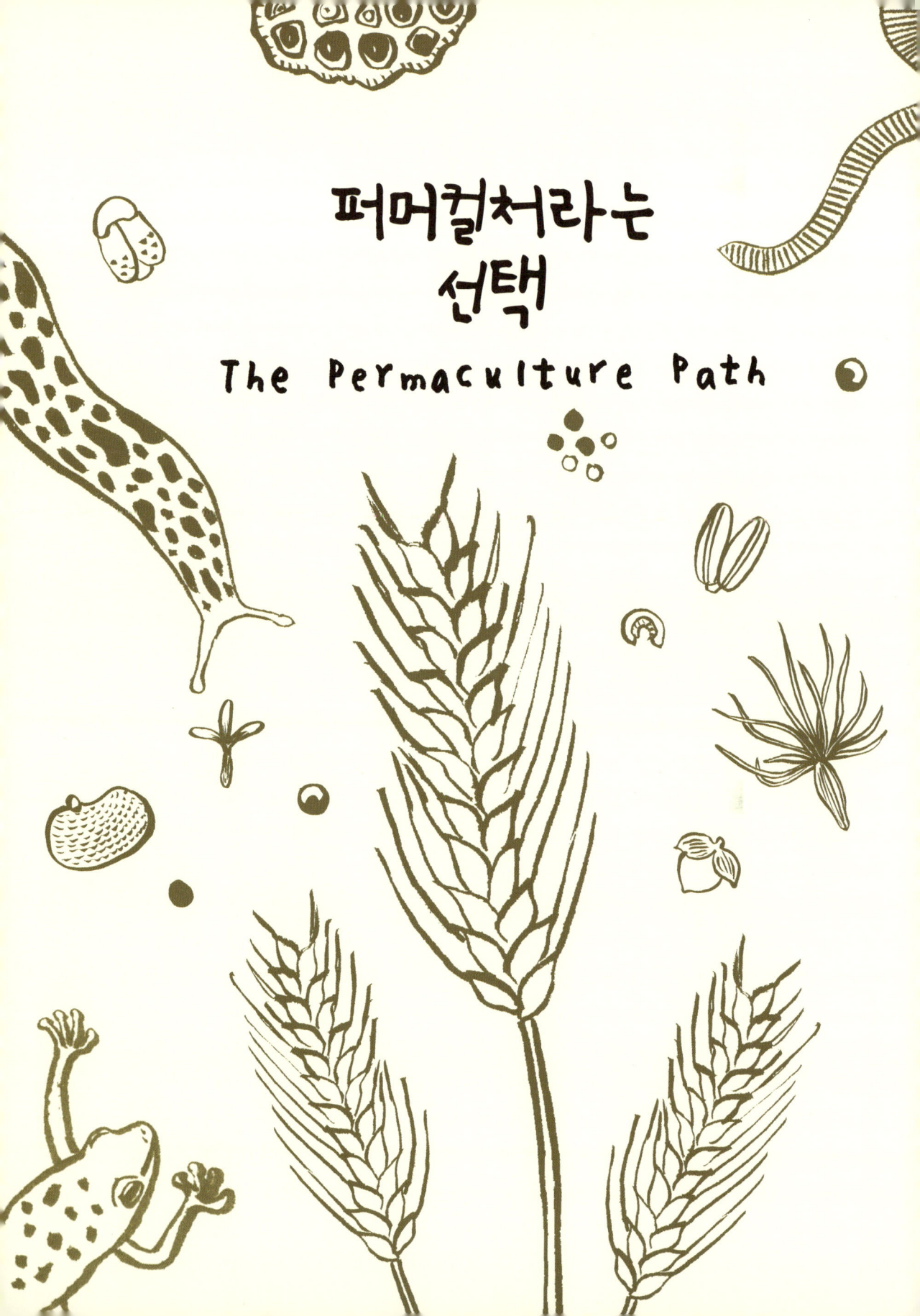

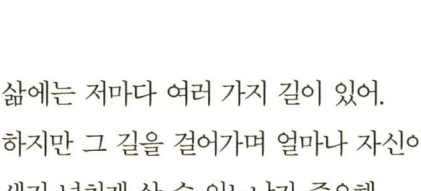

삶에는 저마다 여러 가지 길이 있어.
하지만 그 길을 걸어가며 얼마나 자신이
생기 넘치게 살 수 있느냐가 중요해.

그러니 각자 어떤 길이 좋은지 생각하고 느끼며 선택해서
도중에 길을 바꾸거나 멀리 돌아가도 괜찮아.

퍼머컬처는 살아가는 길 중 하나야.
난 너희들도 퍼머컬처의 멋진 모험을 하기 바라며
이 초대장을 보내러 왔어.

퍼머컬처는 우리가 자연의 일부로 서로 협력하여
풍요로운 인생을 걸어가며 다음 세대에게도
그 세계를 이어주는 것을
중요하게 생각해.

그래서 지금 나는 이전의 사람들이 심은
나무열매를 먹으며 다음 세대가 먹을 나무를 심고 있어.
우리가 먹지 못해도 상관없어.
쭉 이어지는 길의 도중에 나무열매나 예쁜 꽃을
남길 수 있는 것이 지구에 대한 감사 인사와
미래에 대한 약속이 아닐까?

작디작은 영웅
Tiny Little Heroes

넓은 우주에 떠 있는 커다란 지구에 나와 너희들,
수많은 생명이 오늘도 살고 있어.
그런 당연한 매일을 지켜주는 것이 누군지 알고 있니?
그건 눈에 보이지 않을 정도로 작디작은 생물 '미생물'이야.

흙을 키우고 풍부한 숲과 밭을 만들어주는 것.
물을 정화하고 더러워진 지구를 깨끗하게 해주는 것.
우리의 몸이 오늘도 건강한 것.
된장이나 간장,
우리의 음식을 맛있게 해주는 것.
또 죽은 생물을 새 생명으로 이어주는 것.

지구가 살아 있는 것. 우리가 살아 있는 것.
그것은 미생물이 눈에 보이지 않는 곳에서
생명을 만들고 키우며 지켜주기 때문이야.

엄청 작은 생물이지만
우리의 생명을 뒷받침해줘.

우리도 미생물처럼 개개인의 힘은 약하더라도
모두가 자신의 역할을 완수해내면 언젠가 큰 변화로 이어지지 않을까?

우리의 선조이기도 한 작디작은 영웅은
오늘도 당연하다는 듯이 생명을 보호하고 있어.

후기

이 책을 읽어 보고 어땠어?
가슴이 두근거리지는 않았니?

지구의 대단한 점에 대해서
이 책에 가득 담았어.
담을 수 있는 만큼 담았지만
여전히 많이 남아 있어.
이 책만으로는 너무 부족해!

그래서 네가 이 책의 후편을
만들면 좋겠어.
네가 <지구 안내서>의 요소를
잔뜩 모아오길 바라.

거기서부터 네가 만들어갈
세상을 난 알고 싶어.
또 나도 함께 만들고 싶고.

마지막으로 이건 내 부탁이야.
네 가슴을 두근거리게 한 것을
직접 실천해 봐.
분명히 즐거운 세상이
펼쳐질 거야.
그리고 어른들도 끌어들이길 바라.
어른들도 사실은 좀 더 자유롭고 즐겁게
살고 싶을 거야.
시간이 없다고 변명할 수 있겠지만
포기하지 말고 계속 다정하게
권유해 봐.

너야말로 희망 그 자체야.
살아줘서 고마워.

moved by love

MINNA NO CHIKYU CATALOG
Copyright © Tokyo Urban Permaculture, Two Virgins Co.,Ltd. 2018
All rights reserved.

No part of this book may be used or reproduced in any manner whatsoever without written permission except in the case of brief quotations embodied in critical articles and reviews.

Originally published in Japan by Two Virgins Co.,Ltd .
Korean Translation Copyright © 2021 by Saenggakuijip
Korean edition is published by arrangement with Two Virgins Co.,Ltd. through BC Agency.

이 책의 한국어 판 저작권은 BC에이전시를 통해 저작권자와 독점계약을 맺은 생각의집에 있습니다. 저작권법에 의해 한국 내에서 보호를 받는 저작물이므로 무단전재와 복제를 금합니다.

모두의 지구 안내서

초판 1쇄 발행　2021년 6월 30일
글 ★ 얼리샤 클레페이스
감수 ★ 소여 카이
그림 ★ 니키 로레케 (장별 표지)
　　　가와무라 와카나 (표지 / 본문)
　　　사토공업 (본문)
옮긴이 ★ 김한나
본문 편집 ★ 김영심
펴낸이 ★ 권영주
펴낸곳 ★ 생각의집
디자인 ★ design mari
출판등록번호 ★ 제 396-2012-000215호
주소 ★ 경기도 고양시 일산동구 정발산로 42번길 38, 618
전화 ★ 070·7524·6122
팩스 ★ 0505·330·6133
이메일 ★ jip2013@naver.com
ISBN ★ 979-11-85653-77-8 (73470)

품명 어린이 도서　　제조년월 2021년 6월
사용연령 4세 이상　　제조자명 생각의집
제조국 대한민국　　　연락처 070-7524-6122
주소 경기도 고양시 일산동구 정발산로 42번길 38, 618
주의사항 종이에 베이거나 긁히지 않도록 주의하세요.
KC마크는 이 제품이 공통안전기준에 적합하였음을 뜻합니다.